Este libro es un regalo para:
....
De:
....
Fecha:
....

Primera edición: octubre de 2025

Publicado originalmente en inglés bajo el título *The Illustrated Devotional for Girls*
por Christian Art Kids, una marca de Christian Art Publishers,
una división de Christian Art Distributors cc,
20 Smuts Avenue, Vereeniging, South Africa

Publicado por ORIGEN®, marca registrada de
Penguin Random House Grupo Editorial USA, LLC

Imágenes de cubierta: Shutterstock.com

Impreso en Colombia / *Printed in Colombia*

Información de catalogación de publicaciones disponible
en la Biblioteca del Congreso de los Estados Unidos

ISBN: 979-8-89098-394-7

26 27 28 29 10 9 8 7 6 5 4 3

Devocional ILUSTRADO para NIÑAS

366 DÍAS DE DEVOCIONALES PARA COLOREAR

ORIGEN

Enero
Dios está contigo

Nunca estarás sola

Hoy es el primer día de un nuevo año. Claro, es fantástico... pero a veces los nuevos comienzos pueden dar un poco de miedo. Tal vez te mudaste de ciudad y tengas que empezar de nuevo en otra escuela. Quizás tu mejor amiga se mudó. ¿Es difícil encontrar a Dios en medio de estos cambios? El versículo de hoy promete que nunca estarás sola. Dios estará a tu lado, te guiará y ayudará a superar los momentos de miedo. Puedes descansar en que nunca tendrás que enfrentar algo por tu cuenta.

Padre:

Gracias por recordarme una y otra vez que puedo depender de Ti. Me prometes que NUNCA me dejarás sola. No dejes que jamás lo olvide.

Amén

Dando vueltas como un hámster

¿Te sientes como un hámster dando vueltas en su rueda? Te levantas por la mañana, vas a la escuela, asistes a las clases, vuelves a casa, haces los deberes, cenas, te vas a la cama y te levantas por la mañana para empezar de nuevo.

Esta rutina puede volverse bastante aburrida y quizás te sientas tentada a buscar algo de emoción en lugares donde no deberías. Jesús ofrece un camino mejor porque te da la oportunidad de permitir que Él se encargue de tus problemas.

Confía en que Él se ocupará de tu vida y tú solo disfrútala.

Querido Señor:

Cuando te entrego mis problemas siento como si respirara aire fresco. Ayúdame a dejarlos en Tus manos... y solamente confiar en que te ocuparás de ellos.

Amén

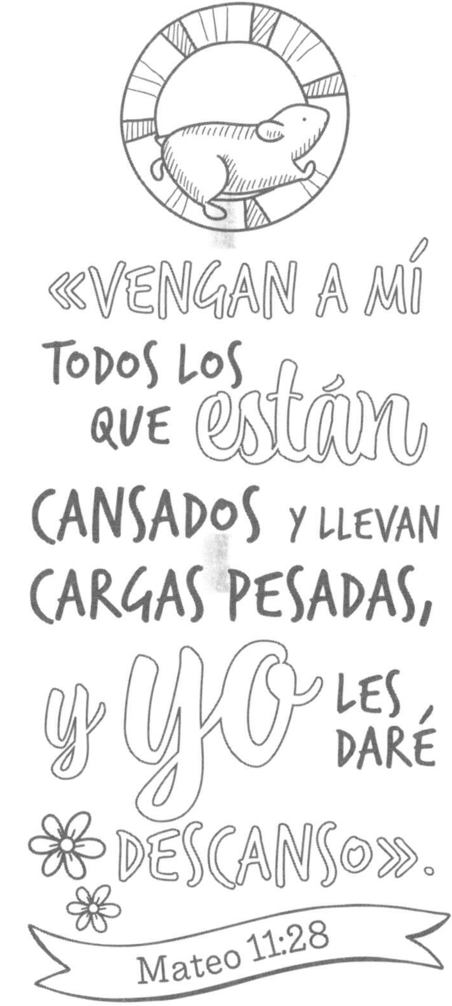

3 DE ENERO

Con el corazón roto

A LOS QUE TIENEN ROTO EL CORAZÓN, y les venda LAS HERIDAS.

Salmos 147:3 (DHH)

Tenías amigas, ¿verdad? Pero un día ya no te hablan. Ves que se juntan, chismean y se ríen de ti. No hiciste nada malo, pero de repente quedaste fuera del grupo. ¿No es cierto que duele?

¿Qué haces al respecto? Quizás te sientas como si no valieras nada, o te den ganas de hablar mal de tus amigas. En lugar de desanimarte o ser cruel con ellas, mejor habla con Dios sobre lo que está pasando. A Él le importan tus sentimientos y tu soledad.

Sanará tu corazón roto y te rodeará con Su amor. Dile cómo te sientes. Él cuida de ti.

Querido Padre:

Gracias por preocuparte. Realmente me duele cuando mis amigas me tratan mal. Por favor, ayúdame a encontrar buenas amigas.

Amén

Protégete con la armadura

Puede resultarte extraño, pero a veces las cosas malas de la vida las provoca el diablo. Él busca impedir que tu amistad con Dios crezca, o que compartas con otros sobre el amor de Dios. Por eso te mantiene enredada en problemas o dificultades.

Él sabe que, si te mantiene desanimada u ocupada, no tendrás tiempo para las cosas buenas.

Entonces, ¿cómo luchas contra el diablo? Poniéndote la armadura de Dios. Efesios 6 nos enseña cómo usar el cinturón de la verdad, la coraza de justicia, el escudo de la fe y el yelmo de la salvación. Eso es todo lo que necesitas para que el diablo huya como un gato asustado.

Querido Dios:

Es genial saber que Tu armadura está disponible. Quiero usarla. Ayúdame a ponérmela.

Amén

Tiempos difíciles

¿Esperabas que por ser cristiana Dios impediría que tuvieras problemas? Eso no funciona así. Las dificultades existen y Dios no las detiene. Sin embargo, Él nunca te deja sola en los momentos duros.

Tal vez pienses que si Dios evitara las cosas malas, todos verían lo poderoso que es. ¿Sabes qué? ¡A veces ellos lo harán al observarte a ti!

Las personas se darán cuenta de cómo funciona la fe verdadera cuando tú confíes en Él y le permitas consolarte y enseñarte en los peores momentos de la vida.

Querido Dios:

Necesito Tu ayuda de manera urgente. Si los demás verán Tu poder en mí cuando la vida apesta, ayúdame a confiar más en Ti cada día.

Amén

Dirígete a Dios

¿Dónde buscas ayuda cuando todo se complica? ¿En tus amigas? ¿Los deportes? ¿Las revistas? Si es lo que haces, probablemente todavía sigas insatisfecha. Dios es el ser más poderoso, amoroso y cariñoso que puedas conocer.

Acude a Él cuando necesites ayuda y aliento, y se mantendrá a tu lado sin importar cuán difícil se ponga la vida. Encontrarás que Él puede INTERVENIR en tu situación y te amará en todo momento.

Dios es una roca... una fortaleza. Alguien realmente fuerte, ¿no?

Querido Dios:

A veces busco ayuda y fuerza en los lugares equivocados. Perdóname. Ayúdame a encontrar mi fortaleza en Ti.

Amén

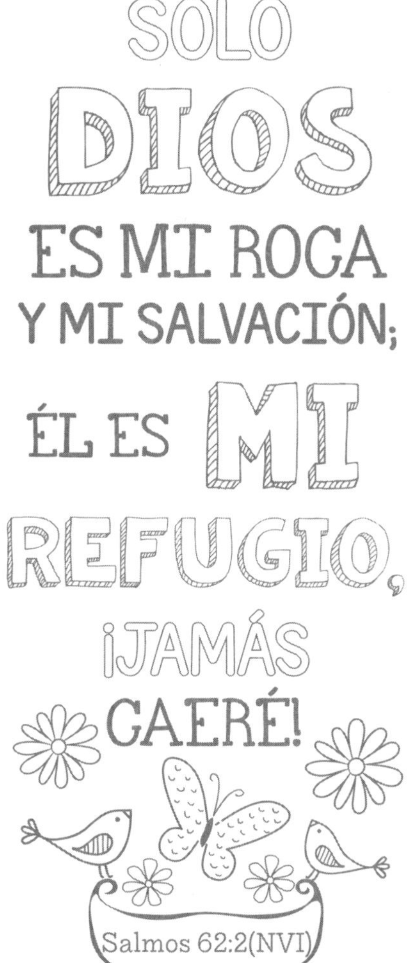

Sin sorpresas

Nada de lo que te sucede toma a Dios por sorpresa... nada. Él preparó planes para ti desde antes de que nacieras.

Sus planes son buenos para tu vida. Son una promesa de un futuro y esperanza juntos en el cielo para siempre.

Tu parte en este plan sencillamente es escucharlo y seguirlo. Lee Su Palabra, ora, quédate tranquila y oye Su voz en tu corazón.

Por encima de todo, confía en Él... aun en los tiempos difíciles... incluso cuando todo parezca oscuro y sin salida, confía en el corazón de Dios.

Querido Padre:

Estoy tan contenta de que tengas un plan para mi vida. Me alegra saber que estás en control.

Amén

Conociéndolo a Él

Puedes confiar en Dios. Esa es la conclusión. No importa lo que te depare la vida, o cuántas malas decisiones tomes. Sin importar lo pésima que sea tu actitud... puedes confiar en Dios.

¿Significan algo esas palabras para ti? Un paracaidista no saltaría de un avión sin antes probar su paracaídas. Un piloto de carreras no conduciría a doscientas millas por hora sin probar su automóvil. Ellos conocen su equipamiento.

Si vas a entregar tu vida a Dios, ¿no deberías conocerlo? Lee Su Palabra para ver cómo ha cuidado de Su pueblo en el pasado. Guarda silencio ante Él, deja que hable a tu corazón. Cuanto mejor lo conozcas, más confiarás en Él.

Querido Padre:

Quiero conocerte cada vez más. Enséñame a amar Tu Palabra y a disfrutar mi tiempo a solas contigo.

Amén

Lo bueno de lo malo

¡Aaaaaaahhh! ¿Este versículo te provoca gritar: «¿Cómo puedes afirmar que Dios hace que todo lo malo en mi vida me ayude para bien?»? Adelante, grita… te sentirás mejor.

Ahora, escucha esto: Dios quizás no impida el divorcio de tus padres. Tal vez no te dé buenas notas, muchos amigos, una habilidad deportiva increíble o un trabajo para tu papá. Puede que sí, o puede que no.

Sin embargo, lo que definitivamente te hará muy bien, si se lo permites, es trabajar en tu corazón para fortalecer tu fe. Él te mostrará que es confiable. Cuando lo veas hacer estas cosas, sabrás más que nunca que Él te ama. Genial, ¿no?

Querido Dios:

Ayúdame a verte en mi vida y a reconocer Tu amor y cuidado aun cuando las cosas no vayan bien. Gracias por estar siempre conmigo.

Amén

Tres en uno

¿Tu vida está un poco patas para arriba? ¿De quién crees que es la culpa? Vamos, sé honesta: ¿acusas a quienes te rodean por tus problemas y no te haces cargo de tu parte? ¿Qué elecciones te llevaron a tu situación actual? ¿Quién decidió reaccionar tan mal, hacer trampa en los exámenes, gritarle a mamá y papá... o elegir aquello que empeoró tu vida? Has sido tú, ¿verdad?

Bueno, quizás finalmente sientes que es hora de cambiar y tomar decisiones sabias, pero simplemente no sabes cómo. Proverbios 2:6 tiene la respuesta: pídeselo a Dios. Él te dará sabiduría, conocimiento e inteligencia, ¡tres por el precio de uno! ¡Anímate y hazlo! Él te lo dará.

Querido Dios:

Perdóname por mis malas decisiones. Ayúdame a mejorar. Guía mis pensamientos.

Amén

¿A quién llamarás?

Es hora de hacer un examen de conciencia. ¿Alguna vez sucedió algo así en tu familia? Tu mamá te pide que hagas algo y tú respondes: «Está bien, en un minuto». Sin embargo, ese momento nunca llega. Tu mamá te sigue pidiendo y tú sigues posponiéndola. Estás haciendo oídos sordos.

Gracias a Dios, Él nunca es así. Cuando tienes problemas, o cuando te sientes atrapada en las tormentas de la vida, puedes pedirle ayuda. Puedes hacerlo una y otra vez. En realidad, eso es lo que quiere de ti. Él te ayudará, así lo prometió.

Querido Dios:

Esto es tan maravilloso. Puedo pedirte ayuda todos los días... de hecho, Tú quieres que lo haga. Muchas gracias.

Amén

Enfoque de vida

¿Qué es lo más importante en tu vida ahora mismo? Vamos, di la verdad: ¿sueñas con ser súper popular; quieres ser la mejor en todas las materias de la escuela; o quieres ser la mejor deportista o músico? ¿Dónde pones tu energía y atención?

Lo que ocupa tu atención, tus pensamientos, es a lo que te entregas, y esto determinará el rumbo de tu vida.

Te doy una idea: elige a Dios. Sí, decide poner tu energía y dedicar tu tiempo en conocerlo mejor. Elige servirlo, aprender Su Palabra y dejar que Él guíe tu vida. Descubrirás que la vida será mucho mejor cuando Dios esté en el centro.

Querido Padre:

Ayúdame a invertir mi energía en conocerte mejor. Quiero que seas lo más importante en mi vida.

Amén

Josué 24:15

Clases de oratoria

«Oye, ¿te enteraste sobre Raquel y Jaime? Bueno, me contaron...». ¡CHISME! Es tan tentador, pero te puede meter en serios problemas. Puede arruinar amistades y reputaciones, tanto de los chismosos como de quienes se chismea.

Los rumores sobre los demás y aquello que se expresa con enojo regresarán a ti para atormentarte. Las amistades se arruinarán. Después de todo, ¿quién quiere ser amigo de alguien que es cruel? La gente no te confiará sus secretos ni respetará lo que piensas o hablas.

Lo mejor que puedes hacer es tener cuidado con lo que dices. Ya conoces el famoso dicho de las madres en todo el mundo: «Si no tienes nada bueno que decir, ¡no digas nada!». Las madres son tan sabias...

Querido Dios:

Realmente necesito ayuda para aprender esta lección. Por favor, ayúdame a cuidar mi boca. Gracias.

Amén

Pase lo que pase

A veces la vida es difícil. La verdad es que a veces puede volverse tan dura que pareciera que Dios te ha dado la espalda; como si no supiera por lo que estás pasando.

No importa lo complicadas que sean las circunstancias, cuán sola te sientas, cuán desanimada estés, recuerda esto: ¡DIOS TE AMA! Nada puede cambiar eso.

Él te sostiene fuerte, incluso aunque a veces no lo «sientas» o no lo parezca. Confía en Su Palabra. ¡Ella promete que Su amor es para siempre!

Querido Dios:

Gracias, gracias, gracias por amarme... ¡por siempre y para siempre!

Amén

PUES ESTOY CONVENCIDO DE QUE NI LA MUERTE NI LA VIDA... NI COSA ALGUNA EN TODA LA CREACIÓN PODRÁ APARTARNOS DEL AMOR DE DIOS.

Romanos 8:38-39 (NVI)

Piensa en todo lo bueno

Todo lo que es **VERDADERO**, todo lo **HONORABLE**, todo lo **JUSTO**, todo lo **PURO**, todo lo **BELLO** y todo lo **ADMIRABLE**. **PIENSEN** en cosas excelentes y dignas de alabanza.

Filipenses 4:8

La basura entra… la basura sale. Aquello que permites que ronde por tus pensamientos de manera regular pronto se asienta en tu corazón, y luego comienza a determinar quién eres y qué forma toma tu vida.

No te hagas la distraída: conoces la diferencia entre lo correcto y lo incorrecto. Si no lo sabes, dedica tiempo a leer la Palabra de Dios y comenzarás a entender lo que es verdadero, noble, correcto, puro, amable y admirable.

Si te avergonzara que tus padres se enteraran de lo que estás pensando… o peor aún, que Jesús lo supiera, significaría que ese pensamiento está mal. Alimentar mejor tu mente dará como resultado cosas mejores en tu vida.

Querido Padre:

Perdóname por las cosas que a veces dejo pasar por mi mente. Por favor, ayúdame a enfocar mis pensamientos en todo lo bueno.

Amén

Honestidad

Así que tienes problemas... bueno, ¡todos los tenemos! ¿Eso te sorprende? ¿Pensabas que eras la única? Tal vez sea porque hay quienes aparentan que todo en su vida es genial.

Puedes fingir ante los demás e, incluso, engañarlos por mucho tiempo... pero no puedes engañar a Dios ni por un minuto. Él conoce lo que ocurre en tu corazón. Sabe si estás feliz, triste, enojada, deprimida o desesperanzada.

No pierdas tiempo con apariencias. Solo cuéntale la verdad a Dios, incluso si tú misma metiste la pata. Eso es lo que significa humillarse: admitir tus errores. Él te rescatará de esos apuros y te pondrá en el camino correcto.

Querido Dios:

Me alegra que conozcas mis errores. Me alegra no tener que intentar ocultarte nada. Por favor, ayúdame a arreglar mis enredos y dame un nuevo comienzo.

Amén

Sin preocupaciones

Es muy probable que conozcas personas que disfrutan haciendo sentir a otros miserables. Se burlan de tu ropa, tus calificaciones, tu cuerpo, tu familia, incluso de tu relación con Dios.

Algunos chicos incluso intentan que hagas aquello que no deberías. Sí, bueno, a medida que creces, ese tipo de personas sigue acercándose. ¿Te asusta eso a futuro?

Oye, no te preocupes, no estás sola. Dios promete estar contigo en cada paso de tu vida: hoy, mañana y para siempre. Prometió que nunca te dejará sola. Así que aléjate de quienes quieren derribarte y acude a Dios por ayuda y fortaleza.

Querido Dios:

Me alegra mucho saber que nunca me dejarás. Sé que me ayudarás a enfrentar todo lo que venga. Te doy las gracias por eso.

Amén

Nunca se acaba

¿Te encantan las galletas caseras? ¿Te gusta cocinar? ¿Alguna vez comenzaste a hacer galletas, preparaste todos los ingredientes, mediste el azúcar, mezclaste la mantequilla... solo para descubrir que no tenías suficiente harina? Es frustrante quedarse sin algo y no poder terminar lo que empezaste.

Es bueno saber que eso nunca pasará con Dios. Puedes ir a Él, pedirle ayuda y saber que Su sabiduría y conocimiento nunca se agotarán. Cada minuto de cada hora de cada día Su pozo nunca se secará.

Así que, ve siempre a Dios y pídele ayuda, Su conocimiento sobre el futuro, Su sabiduría para tus decisiones. Acércate y escucha con atención.

Querido Dios:

Sé que siempre terminas lo que empiezas. Eso incluye Tu plan para mi vida. Ayúdame a prestar atención a todo lo que dices.

Amén

Plumas flotantes

Una pluma que flota en el aire se eleva hacia arriba y hacia abajo, a la derecha y a la izquierda. Es difícil adivinar dónde aterrizará.

¿Alguna vez sientes que tu vida se mueve como una pluma? A veces tomas buenas decisiones y otros días te equivocas. Te gusta el piano y el fútbol. Sobresales en matemáticas, pero apestas en literatura. ¿Cómo puede encajar todo?

No estás sola en este viaje de plumas flotantes, ¿sabes? Dios te conoce desde antes de que dijeras «A». Él tiene un plan para ti. Tu responsabilidad es mantenerte cerca: conversa con Él todos los días, escúchalo, lee Su Palabra, busca Su guía.

Un consejo: apaga tu teléfono y tu computadora. Cierra la puerta y pasa tiempo a solas con Dios.

Querido Señor:

Enséñame a estar en silencio y escucharte. Háblame a través de Tu Palabra.

Amén

Futuro definitivo

Seamos honestas: a veces la vida es un fiasco. Los padres que pelean mucho; los problemas de dinero; los conflictos con los amigos. Quizás te está yendo mal en la escuela... Lo que sea, es difícil. ¿Te cuesta pensar en el futuro porque temes que las cosas no mejoren?

Hay un punto de llegada final: un lugar en el futuro donde solo estará lo bueno.

Cristo prometió que algún día regresará por Sus hijos y los llevará al cielo. Ya que le importas lo suficiente como para hacer eso por ti, es razonable creer que te ama tanto como para cuidarte día a día aquí también.

Querido Dios:

Saber que me amas hace que el futuro sea mucho menos aterrador. Gracias por amarme.

Amén

Gozo en la oscuridad

Ustedes lo aman a pesar de no haberlo visto.

Es tarde. Tu habitación está oscura... y también tu alma. Te sientes sola y angustiada. Parece que nadie sabe lo que estás atravesando, o si lo saben, simplemente no les importa. De repente, a lo lejos en la oscuridad, ves un puntito de luz.

Lentamente se acerca cada vez más. ¿Qué es? La esperanza. La esperanza que llega porque, aunque no has visto a Dios cara a cara, lo amas y sabes que te ama. Nunca te deja sola. Siempre se preocupa por lo que estás sintiendo.

Querido Dios:

Recuérdame que nunca estoy sola: Tú estás siempre conmigo. Gracias por eso. Me hace sentir mejor saber que estás ahí.

Amén

Escogiendo el mejor camino

Así que amas a quienes te aman... eres amable con tus amigos... haces cosas buenas por quienes se portan bien contigo. No es la gran cosa, ¡cualquiera puede hacerlo!

Es cuando la vida se complica, cuando alguien miente sobre ti, te engaña, te roba o simplemente es cruel contigo, cuando tienes que tomar una decisión.

Puedes escoger ser tan odiosa como ellos y rebajar tu conducta a su nivel, o puedes elegir comportarte como una hija de Dios y amar a tu enemigo, incluso orar por él.

Es una decisión que debes tomar todos los días.

Querido Dios:

Por favor ayúdame a tratar a los demás como Tú quieres que lo haga. Ayúdame a mostrar amor, incluso a quienes son malos conmigo.

Amén

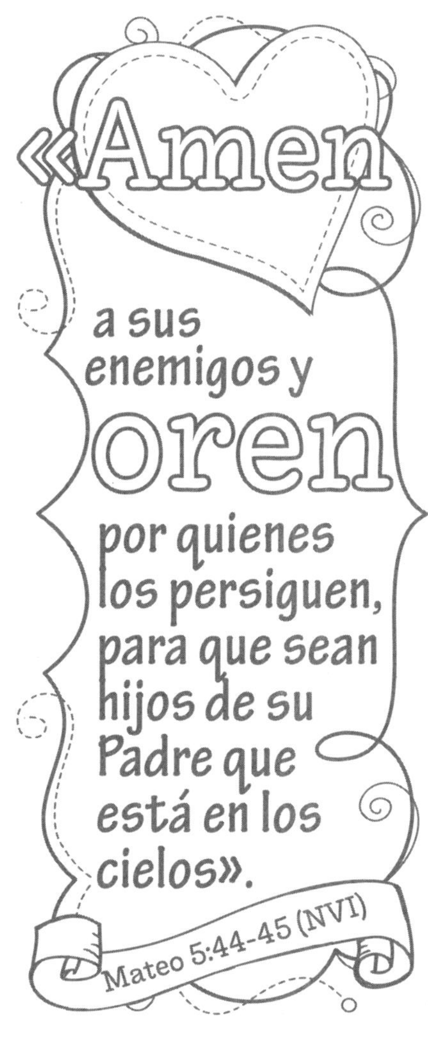

Un corazón renovado

¿Alguna vez abriste una bolsa nueva de manzanas y encontraste una justo en el medio que estaba totalmente podrida? ¿Notaste cómo todas las manzanas de alrededor también comenzaban a pudrirse? Sí, la descomposición se contagia. Lo mismo es cierto con lo que hay en tu corazón. ¿Estuviste quejándote de que tu vida está podrida, de que las cosas sencillamente no van bien?

Detente y examina tu corazón. Si hay odio, egoísmo, mentiras, engaños u otra cosa podrida viviendo allí, eso saldrá a la vista. Tal vez algunos de tus problemas podrían ser tu culpa. Así que tal vez sería una buena idea dejar de quejarte de los demás o de tu situación, y limpiar tu corazón: reconocer tu pecado, confesarlo y arrepentirte. Comienza de nuevo.

Querido Dios:

Es difícil admitir las cosas malas que hice. Pero quiero hacerlo... y pedir perdón. Por favor, ayúdame a empezar de nuevo hoy.

Amén

24 DE ENERO

Cada vez más fuerte

A nadie le gusta sufrir o tener problemas. Hacemos cualquier cosa para frenar el dolor. Para el dolor físico, tomamos medicamentos. Para el dolor emocional, culpamos a alguien o buscamos ayuda. Solo queremos que pare. Pero observa la naturaleza: la presión de toneladas de peso convierte los minerales comunes en diamantes; el oro debe purificarse en un fuego súper caliente; los árboles jóvenes que son arrastrados por vientos de tormenta en realidad se fortalecen.

Dios dice que lo mismo aplica a nosotros. Los problemas pueden hacernos más fuertes porque cada vez que nuestra fe en Dios se pone a prueba y vemos Su ayuda, confiamos más en Él. Así que, en lugar de intentar alejarte de las dificultades, encuentra qué puedes aprender de ellas.

Querido Dios:

Me cuesta, pero ayúdame a aprender de los tiempos duros. Ayúdame a confiar más en Ti y haz que mi fe se fortalezca.

Amén

CONSIDÉRENSE MUY DICHOSOS CUANDO TENGAN QUE ENFRENTARSE CON DIVERSAS PRUEBAS, PUES YA SABEN QUE LA PRUEBA DE SU FE PRODUCE PERSEVERANCIA.

Santiago 1:2-3 (NVI)

25 DE ENERO

El corazón de Jesús

Cuando el Señor la vio, su corazón rebosó de compasión. «No llores», le dijo.

Lucas 7:13

Si alguna vez te preguntas si a Dios le importa lo que estás pasando, lee los Evangelios y mira cómo se sentía Jesús con respecto a quienes sufrían.

Este versículo de Lucas es del momento en que Jesús conoció a una viuda cuyo único hijo acababa de morir. Esto te muestra el corazón de Jesús: su corazón se conmovió por ella. Se entristeció y quiso mejorar su situación.

Los Evangelios están llenos de historias de Jesús en las que ayudaba a las personas afligidas. Su carácter no ha cambiado en dos mil años. Él todavía se preocupa, Su corazón todavía está contigo cuando algo te duele.

Nunca pienses que a Jesús no le importas, claro que sí. Puede que Él no siempre elimine tus problemas, pero los superarás con su ayuda.

Querido Padre:

Gracias por preocuparte por mí cuando estoy sufriendo. Gracias por estar siempre conmigo.

Amén

Oídos abiertos

¿Cómo te sientes cuando un amigo siempre se queja? ¿Alguien que tiene una dificultad tras otra? Incluso si son problemas reales, ¿te cansas de escuchar hablar de ellos? ¿Te alejas de esa persona? Probablemente sí. Escuchar todo el tiempo los problemas de los demás se vuelve aburrido.

Sin embargo, ¿no es maravilloso saber que Dios no hace lo mismo? Nunca se cansa de escuchar tus problemas o tus súplicas de ayuda. Se preocupa por ti. Puedes acudir a Él una y otra vez, porque le importas.

Él te escuchará y ayudará con tus situaciones complicadas.

Querido Dios:

Sé que me quejo mucho y que siempre te estoy pidiendo ayuda. Gracias porque siempre te importa y nunca dejas de escucharme ni de ayudarme.

Amén

PUES NO HA PASADO POR ALTO NI HA TENIDO EN MENOS EL SUFRIMIENTO DE LOS NECESITADOS... SINO QUE HA ESCUCHADO SUS GRITOS DE AUXILIO.

Corazones limpios

A medida que conozcas mejor a Dios al leer Su Palabra, aprenderás que a veces tu vida es un lío debido a las decisiones que tomas. El corazón que no conoce ni sirve a Dios es malvado; toma decisiones malas y egoístas. La esperanza que Dios te ofrece es que no tienes que seguir así.

Cuando invitas a Jesús a entrar en tu corazón, Él lo limpia. Promete quitarte el impulso de hacer el mal. Incluso te ayudará a cambiar los ídolos de tu vida: todo lo que aleja tu corazón de Dios. Tu responsabilidad aquí es permanecer cerca de Él leyendo Su Palabra, conversando con Él y escuchándolo.

Querido Dios:

Siempre hay algo que intenta alejarme de Ti. Necesito Tu ayuda para permanecer cerca de ti. No puedo hacerlo sola.

Amén

¡Para con esta locura!

Imagínate que tus amigas, de repente, ya no quieren nada contigo. Te mienten sobre sus planes, y hasta inventan rumores sobre ti: ¡puras mentiras! ¿Qué harías tú en esa situación? ¿Cómo responderías?

Podrías seguir el mismo camino que ellas: buscar amigas nuevas y empezar a hablar mal de las otras, portándote tan mal como lo hicieron contigo. O... podrías elegir hacer lo que Dios sugiere.

Cambia de rumbo y esfuérzate por mejorar las cosas tratando de amar a tus viejas amigas. Sencillamente ámalas. Dios dice que eso funcionará, y Él debe saberlo bien, ¡porque escribió el libro sobre el amor!

Querido Dios:

Realmente necesitaré mucho Tu ayuda esta vez. Ayúdame a amar a mis enemigos. No puedo hacerlo sin Ti.

Amén

Levítico 19:18 (NVI)

Jamás derrotada

POR TODOS LADOS NOS PRESIONAN LAS DIFICULTADES, PERO NO NOS APLASTAN.

ESTAMOS PERPLEJOS PERO NO CAEMOS EN LA DESESPERACIÓN.

SOMOS PERSEGUIDOS PERO NUNCA ABANDONADOS POR DIOS.

2 CORINTIOS 4:8-9

Dios nunca prometió eliminar tus dificultades. Solo por el hecho de ser cristiana no significa que podrás sentarte a tomar un refresco y esperar que Dios haga que todo sea maravilloso.

De lo que sí puedes estar seguro es de que Él sabe que a veces tienes problemas, que otros chicos se meten contigo, que hay situaciones difíciles en casa o en la escuela. Él lo sabe.

No solo lo sabe, sino que le importa. Debes creer que Él se quedará a tu lado en los momentos más horribles de tu vida, será tu fortaleza y te mostrará cómo actuar y reaccionar ante los demás. Nada que la vida traiga te destruirá ni serás abandonada en esas circunstancias.

Querido Padre:

Bueno, la verdad preferiría que me quitaras todos mis problemas. Pero, si eso no sucede me alegro de que estés aquí para ayudarme a superarlos. Gracias.

Amén

No te rindas

Vas a la iglesia, oras antes de almorzar, escoges mantenerte alejada de conductas destructivas, eliges no usar el nombre de Dios en vano, decides no dañar la reputación de los demás. Tomas todas estas decisiones porque eres cristiana, una hija de Dios que quiere obedecerlo y vivir como Él manda.

Ten cuidado: estas decisiones pueden molestar a otros porque no tomas las mismas elecciones que ellos. Pueden tratar de hacerte la vida imposible solo porque eres cristiana.

No te preocupes: Dios sabe lo que te está pasando. Él promete bendecirte porque has tomado las decisiones correctas. No te rindas.

Querido Dios:

Quiero tomar las decisiones correctas. Quiero que los demás sepan que soy tu hija. Ayúdame a ser fuerte cuando las cosas se pongan difíciles.

Amén

Asume la responsabilidad

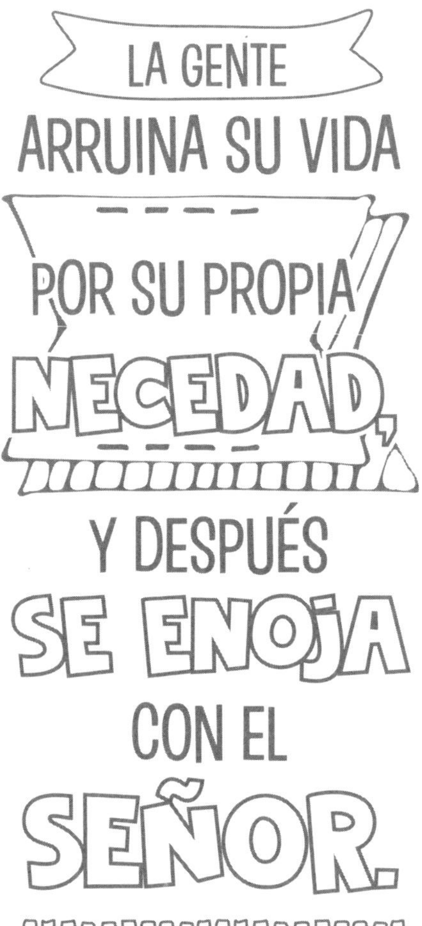

¿Culpas a otros por tus problemas? Cuanto peor se pone la vida, ¿te esfuerzas para culpar a los demás? Tus problemas nunca son tu culpa, ¿verdad? No sucedieron por las decisiones que tomaste. Sí, claro. A veces la vida se complica porque tomaste malas decisiones: sobre cómo tratar a otras personas, dónde invertir tu tiempo y energía, dónde poner tus intereses, y entonces pagas el precio por esas elecciones.

No intentes hacer responsable a Dios porque tu vida apeste. Primero, hazte cargo de tus decisiones. Una vez que confieses tus pecados y te arrepientas, Él estará ahí para ayudarte a recoger las piezas rotas y comenzar de nuevo.

Querido Dios:

He tomado algunas decisiones realmente tontas y son la causa de algunos de los problemas en mi vida. Lo siento. Te pido que me ayudes a escoger mejor.

Amén

Febrero
Curva de aprendizaje

El comienzo

Todo comenzó con Dios. Antes de que Él empezara a crear el mundo, no había tierra, árboles, cielo, personas, animales, nada.

Mira a tu alrededor y observa el mundo que creó. ¡Qué Dios tan poderoso! No solo poderoso, sino que presta atención a cada detalle.

Conoce las cosas más grandes y pequeñas del mundo. Él te creó. Te ama. Tiene un plan para tu vida y vale la pena conocerlo. La Biblia es Su historia y al leerla aprenderás cómo cuidó de Su pueblo, cómo cuidará de ti y te amará más de lo que puedes imaginar.

Querido Dios:

Cuando me detengo a pensar en Tu poder y Tu creatividad, me sorprende que te preocupes por mí. Es asombroso... y estoy muy agradecida por eso.

Amén

A imagen de Dios

De acuerdo, tienes días, semanas, meses malos. Puede que incluso sientas que eres un desastre sin un motivo para estar aquí y sin propósito en la tierra.

Bueno, estas nueve palabras dichas por Dios prueban que eso no es verdad. Estás hecha a imagen de Dios. Piensa en eso por un minuto: Él es sabiduría, amor, poder, creatividad... todo lo que puedas imaginar es posible para ti porque todo fue hecho por Dios y Él es Dios.

Todas esas cualidades fueron puestas en Adán y Eva, tus antepasados. Dios te hizo y te dio habilidades y talentos únicos, ¡igual que Él! Genial, ¿no?

Querido Dios:

A veces me siento tan inútil y torpe. Cuando empiece a sentirme así, recuérdame que fui hecha a Tu imagen y eso significa que tengo valor. ¡Tú no creas basura!

Amén

No puedes engañar a Dios

«POR ESO DIOS EL SEÑOR SACÓ AL HOMBRE DEL JARDÍN DEL EDÉN, Y LO PUSO A TRABAJAR LA TIERRA DE LA CUAL HABÍA SIDO FORMADO».

GÉNESIS 3:23 (DHH)

¿Alguna vez has intentado salirte con la tuya en algo? Vamos, sé sincera: tu mamá o tu papá te dicen: «Haz esto» o «No hagas aquello», pero tú haces exactamente lo opuesto. Luego intentas mentir para salir del asunto o culpar a otro... cualquier cosa para evitar el castigo.

Adán y Eva intentaron eso después de romper la única regla que Dios les había dado. Sin embargo, no funcionó. Dios sabía exactamente lo que habían hecho y los castigó por eso.

Dios no tolera la desobediencia, la castiga. Por eso expulsó a Adán y Eva del Jardín del Edén. Nunca pienses que puedes engañar a Dios, porque no puedes hacerlo.

Querido Dios:

Sé que no hay ninguna posibilidad de engañarte. Bueno, la verdad es que no quiero hacerlo. Por favor, ayúdame a ser siempre sincera contigo.

Amén

Cuenta con ello

Las promesas son grandiosas si se cumplen. Aunque si alguna vez has sufrido por una promesa incumplida, sabes cuánto duele y lo difícil que es volver a confiar en la persona que te hizo esa promesa.

Si alguna vez rompiste una promesa, probablemente aprendiste que luego tus amigos no volverán a confiar en ti enseguida.

Dios hace promesas. Esta del Génesis es la que le hizo a la humanidad a través de Noé. El arcoíris es la señal de esa promesa. Si hay algo en lo que puedes confiar es en que Dios cumple Sus promesas... siempre. Puedes estar segura.

Querido Dios:

A veces empiezo a sentir por Ti lo que siento por las personas. Entonces dudo si puedo confiar en Ti, si siempre cumplirás Tu palabra. Gracias por recordarme que cumples lo que dices... De eso puedo estar segura.

Amén

Jamás estarás sola

Esas son tres palabras muy poderosas, ¿no? Dios se las dijo a Moisés, justo después de darle un trabajo. Moisés tenía miedo de no poder realizarlo, pero Dios le recordó que no estaba solo.

La Palabra de Dios está llena de esa misma promesa para ti... Dios estará contigo. Sin importar lo que te depare la vida, sea cual sea la tarea que Dios te dé para hacer, no tienes que hacerla sola.

Eso es reconfortante especialmente cuando sientes que no estás a la altura de la misión, o que no eres lo suficientemente inteligente, fuerte o creativa para hacer la tarea que tienes por delante.

Dios no te trajo a este mundo y te dijo: «¡Arréglatelas!». No, está contigo en cada paso del camino, guiándote, trayendo fortaleza... lo que necesites. ¡Él lo prometió!

Querido Dios:

Gracias. Me alegra que siempre estés conmigo. No sé qué haría sin Ti.

Amén

Hacedor de milagros

Hay una escena con más tensión que cualquier película o programa de televisión: es cuando Dios libera a los israelitas de la esclavitud y de Egipto, y Moisés los conduce al desierto. Luego, el faraón decide que los quiere de regreso y envía a todo su ejército tras ellos.

Entonces, los israelitas se quedan atrapados con el mar Rojo al frente y el ejército egipcio a sus espaldas… desesperante, ¿verdad?

No cuando Dios está de tu lado. Él dividió las aguas y ellos cruzaron sin problema. Dios puede hacer todo lo necesario para protegerte, ayudarte, guiarte.

¡Presta atención a tu vida cada día y posiblemente veas a Dios dándole órdenes a lo sobrenatural para que obre a tu favor!

Querido Dios:

¡Guau! ¡Voy a estar atenta todos los días para ver lo que puedes hacer para cuidarme!

Amén

Grandes y pequeñas

¿A veces te preguntas si acaso a Dios realmente le importan los detalles que te preocupan? ¿O le importan solo las grandes cosas espirituales? ¿Será que también significa algo para Él si tienes o no comida, amigos, qué deportes practicas, cómo tratas a los demás o las tareas escolares que debes realizar? A Él le importa todo.

Mira lo que hizo por los israelitas. Estaban vagando por el desierto y se quedaron sin comida. Tenían cada vez más hambre, así que del cielo hizo llover pan, llamado maná.

Dios se ocupó de su necesidad inmediata y hará lo mismo por ti. Solo dile lo que necesitas.

Querido Dios:

Es asombroso que te importen las cosas que me preocupan a mí, incluso las más pequeñas. Gracias por hacerlo y por ayudarme.

Amén

De la boca...

Quizás te estés preguntando qué tienen que ver esas palabras contigo. Después de todo, Dios no te sacó de Egipto ni te liberó de la esclavitud.

Bueno, esas son las palabras que Dios pronunció cuando comenzó a escribir los Diez Mandamientos en tablas de piedra. Sí, ahora seguro estás prestando más atención, ¿no?

Los Diez Mandamientos son las pautas de Dios sobre cómo debemos tratarnos unos a otros y cómo tratarlo a Él. Si todos siguiéramos estas sencillas pautas, el mundo sería un lugar mucho más feliz. Inténtalo. Lee Éxodo 20 y fíjate cómo te va con la obediencia a los Diez Mandamientos.

Querido Dios:

A veces creo que lo estoy haciendo bastante bien, pero cuando me examino a la luz de los Diez Mandamientos... siento que no es así. Ayúdame a vivir de acuerdo con ellos; sé que sería más feliz y también haría felices a los que me rodean.

Amén

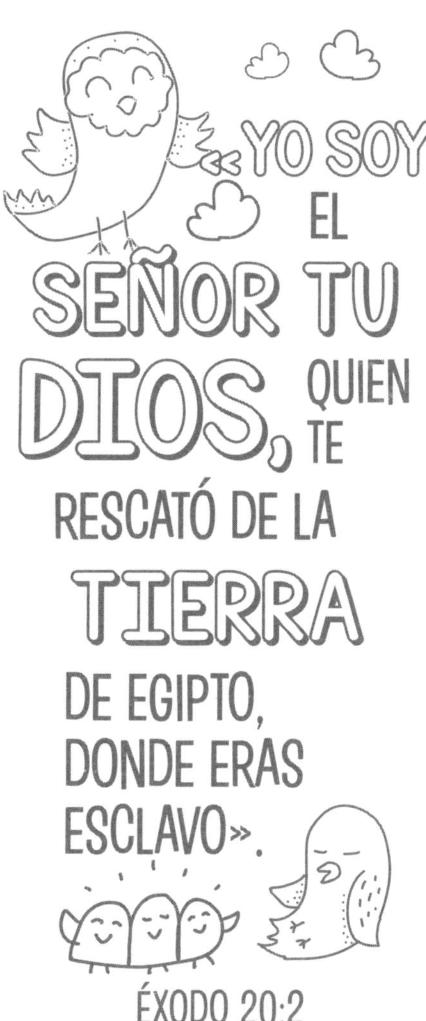

9 DE FEBRERO

Mantente fuerte

«¡SÉ FUERTE Y VALIENTE! No tengas miedo ni te desanimes, porque el SEÑOR tu DIOS ESTÁ CONTIGO DONDEQUIERA QUE VAYAS».

JOSUÉ 1:9

Los israelitas habían seguido a Moisés durante mucho tiempo y habían atravesado algunas situaciones difíciles. Pero ahora él había muerto y Josué estaba a cargo. ¿Por qué el pueblo debía escucharlo? ¿Por qué debían hacer lo que él decía? Josué podría haberse quedado temblando de miedo, de no ser por esas pocas palabras de Dios.

En el primer capítulo del libro de Josué, Dios le dijo unas tres veces al nuevo líder que fuera fuerte y valiente. No tenía nada que temer: Dios estaba con él.

Lo mismo aplica para ti: si otros chicos te molestan, si tus familiares no creyentes te tratan mal, no tengas miedo. Sin importar lo que enfrentes, no estás sola. ¡Dios está contigo dondequiera que vayas!

Querido Dios:

Sigue recordándome que no estoy sola. A veces la vida se pone difícil y no creo que pueda lograrlo por mi cuenta. Es bueno saber que estás conmigo.

Amén

Hora de la ducha

Imagina tomar una ducha caliente con tu gel de baño favorito, ese que huele tan bien. Luego te secas con una toalla que da asco y te pones ropa sucia y apestosa. Entonces, bañarte fue una pérdida de tiempo, ¿verdad? Eso describe un poco lo que Josué le estaba diciendo a su pueblo en este versículo.

Límpiense, confiesen su pecado, apártense de él, humíllense ante Dios... y manténganse limpios. Les dijo que entonces verían a Dios hacer grandes maravillas entre ellos.

¿Quieres que Dios haga cosas increíbles en tu vida? Bueno, la limpieza de tu corazón y de tu vida debe venir primero... ponte a trabajar... ¡entonces verás los milagros de Dios!

Querido Dios:

Quiero verte hacer prodigios en mi vida. Ayúdame. Muéstrame cómo limpiar mi vida y enséñame a humillarme ante Ti.

Amén

Segundas oportunidades

¿Sabes quién dijo estas palabras? Sansón, el hombre más fuerte que jamás haya caminado sobre la tierra. Dios bendijo a Sansón con una fuerza increíble, siempre y cuando viviera según las reglas que Dios le había dado.

Por supuesto, Sansón terminó rompiendo las reglas y fue capturado por sus enemigos. Pero aprendió una lección: reconoció que su fuerza y poder no provenían de sus músculos ni de su buena apariencia, sino de Dios. Así que pidió otra oportunidad y Dios se la dio. Ayudó a Sansón, estando ciego y encadenado, a derrotar a sus poderosos enemigos.

Dios te ama y quiere que tengas éxito en la vida. Sigue pidiéndole ayuda y vive como Él te lo indica. Continúa pidiendo.

Querido Dios:

Me equivoco muchas veces. Lo siento. Lo siento mucho. Por favor, perdóname y dame otra oportunidad.

Amén

Dios te oye

A veces parece que tus oraciones no llegan más allá del techo, ¿verdad? No es así, amiga mía. Él nos oye.

Dios pronunció estas palabras justo antes de dar a los israelitas el rey que habían estado pidiendo. Escuchó sus oraciones y respondió. Dios siempre escucha. Algunas veces responde de inmediato con un rotundo «sí». Otras veces se toma Su tiempo y te da la oportunidad de descubrir si esa oración es realmente algo que deseas. A veces te protege de tu propia necedad y simplemente dice: «No».

Cualquiera que sea Su respuesta, ten la seguridad de que tus oraciones no llegarán a oídos sordos ni a un corazón indiferente.

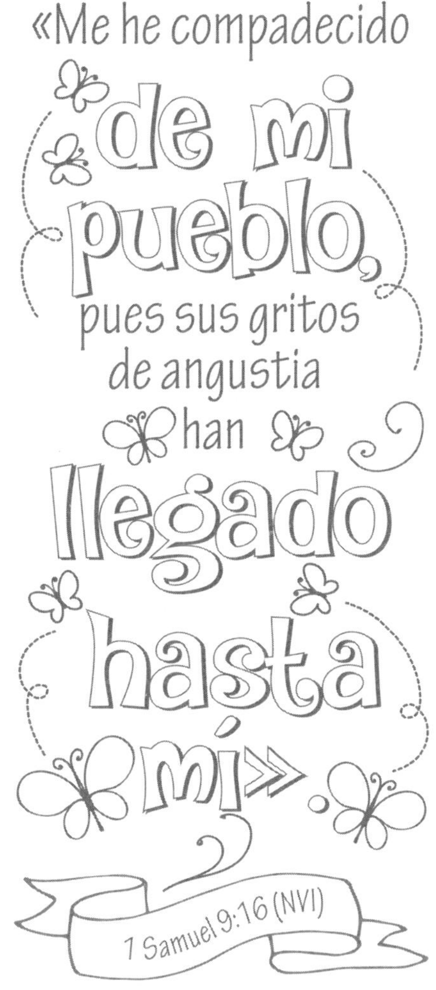

Querido Dios:

Gracias por escuchar mis oraciones. Gracias por preocuparte por las cosas que están en mi mente y en mi corazón.

Amén

David y Goliat

«Tú vienes contra mí con ESPADA, LANZA y JABALINA, PERO yo voy contra ti en NOMBRE del Señor TODOPODEROSO, el DIOS de los ejércitos de Israel, a los que tú has desafiado».

1 SAMUEL 17:45 (DHH)

La clásica historia de un gigante que lucha contra un pequeño, y un pequeño que sale vencedor. En la historia de David y Goliat, desde el punto de vista del mundo, no se encuentra ninguna razón para que David ganara.

Goliat era más grande, más fuerte, tenía más experiencia. Poseía una armadura, un escudo y una lanza. David tenía... una honda y piedras. Además, él sabía que Dios estaba de su lado y que ninguna espada, lanza o jabalina tendrían una oportunidad contra el Dios Todopoderoso.

Entonces, ¿qué significa esto para ti? En otras palabras: ¿qué cosas difíciles estás enfrentando? Desde problemas familiares hasta tu propia autoestima... ve a la batalla en el nombre del Señor Todopoderoso. ¡Nada puede contra Él!

Querido Dios:

Gracias por estar de mi lado. Siempre quiero vivir y luchar en Tu nombre. Ayúdame a permanecer cerca de Ti.

Amén

Decisiones sabias

Si pudieras tener cualquier cosa en el mundo, ¿qué querrías? Piensa un minuto antes de responder. ¿Pedirías fama? ¿Riqueza? ¿Querrías que a ese chico molesto de tu clase le salieran granos por toda la cara?

Dios le dijo al rey Salomón que pidiera lo que quisiera. Salomón quería ser un buen líder para su pueblo, así que le pidió a Dios que lo hiciera sabio.

A Dios le agradó su respuesta, así que lo hizo sabio... y rico más allá de lo que podía llegar a imaginarse. Dios honra las decisiones sabias. Si le pides que bendiga las decisiones que tomas, asegúrate de pensar en los demás antes que en ti misma.

Querido Dios:

No quiero pensar siempre en mí primero. Ayúdame a interesarme por los demás y a hacer elecciones que los ayuden.

Amén

No eres demasiado joven

«Ey, soy solo una chica. Por ahora quiero divertirme; pensaré en cosas importantes cuando sea mayor». ¿Te suena familiar? Ester no era muy mayor. Era una joven judía que ganó un concurso de belleza y se convirtió en reina, pero alguien le recordó que podría llegar a ser reina para que Dios la usara para salvar al pueblo judío de ser exterminado.

Ester tuvo que ser valiente (podrían haberla matado). Tuvo que ser honesta (el rey no sabía que era judía). Tuvo que confiar en que Dios la cuidaría y pidió a otros que oraran por ella. Dios también puede usarte.

¿Puedes ser valiente, honrada y confiar en Él? Claro que puedes... y no olvides pedirles a otros que te sostengan en oración.

Querido Dios:

Ayúdame a ser audaz, íntegra y a confiar en Ti, tal como Ester.

Amén

¡Me deleito!

¿Quién te importa más que nadie? ¿Intentas ser igual que tus amigas? ¿Te vistes como ellas? ¿Opinas lo mismo que ellas? ¿Tienen los mismos gustos? ¿Incluso si a veces sabes que lo que hacen o piensan está mal?

¿Qué te deleita? Esa es una palabra que probablemente no uses muy a menudo. «¡Me deleita pasar tiempo en el centro comercial con ustedes!». No, no suena bien. Pero detente y piénsalo.

Cuando algo te deleita, te da placer. ¿Qué significa eso para ti? ¿Es ser igual a tus amigas o es agradar a Dios? ¿Disfrutas pasar tiempo leyendo Su Palabra y aprender cómo quiere que vivas? Espero que sí… ¡Eso le deleita a Él!

Querido Dios:

Mis amigas son muy importantes para mí, pero no quiero que sean más importantes que Tú. Ayúdame a deleitarme en Tu Palabra.

Amén

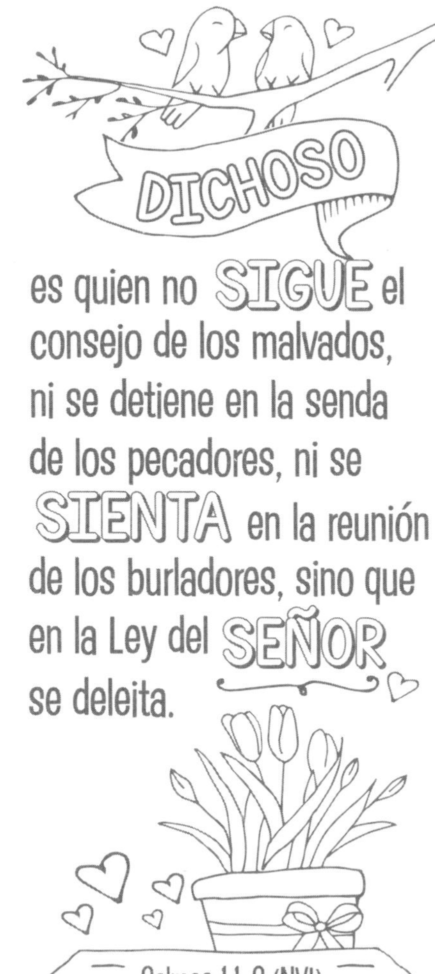

Respeta a Dios

Te crees bastante inteligente, ¿no? ¿A veces hasta presumes de no temerle a nada? Bueno, incluso si crees que eso es verdad, puede que no sea algo bueno.

El temor al Señor es donde comienza la inteligencia. Ahora bien, esto no significa tener mucho miedo, como el miedo a la oscuridad o a las arañas. Significa un respeto sano y puro. Cuando empiezas a entender el poder de Dios y que Él no tolera el pecado en absoluto, especialmente cuando se comete a propósito, entonces empiezas a respetar quién es Él.

Ahí es cuando comienza tu conocimiento. Parte de ese respeto es entender que Dios a veces te disciplinará, tal como lo hacen tus padres. A Él le importas y quiere que aprendas y crezcas en tu fe.

Querido Padre:

Ayúdame a ser inteligente. Enséñame a respetarte y a crecer. Gracias por preocuparte por mí.

Amén

Plan de amor

Un plan. Eso es lo que Dios tiene desde el principio de los tiempos. Ni una sola cosa ha sucedido que lo tomara por sorpresa. Probablemente estuvo decepcionado algunas veces, pero no sorprendido. Ya sabía de antemano la elección que harían Adán y Eva. Sabía cada vez que los israelitas se quejarían por algo.

Él sabe cuándo vas a elegir alejarte de Él en lugar de obedecerlo. Lo sabe... y te ama de todos modos. De hecho, amó tanto a los seres humanos que envió a Su Hijo para enseñarles cómo vivir. Luego murió y resucitó para que todo el que crea en Él pueda ir al cielo algún día. Ese es un gran plan, un plan basado en el amor.

Querido Señor:

Gracias porque desde el principio tienes un plan amoroso para la humanidad y para mí.

Amén

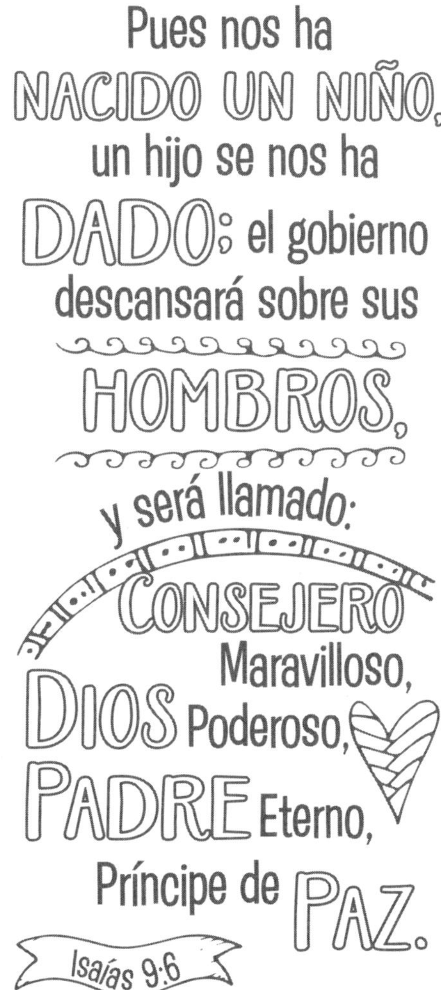

19 DE FEBRERO

Adherida como pegamento

¡Tú guardarás en perfecta PAZ a todos los que CONFÍAN en ti, a todos los que CONCENTRAN en ti sus pensamientos!

Isaías 26:3

¿Qué imagen te viene a la mente cuando piensas en la paz? ¿Un lago tranquilo con el reflejo de las montañas que lo rodean? ¿Una paloma volando en silencio por el cielo? ¿Un bebé durmiendo plácidamente ¿Tu vida es así de tranquila y pacífica? ¿Quieres que lo sea? ¿Cómo lo logras?

Este breve versículo de Isaías tiene la respuesta: mantén tu mente y corazón en Dios. No pienses en Él solo *de vez en cuando*, crea un patrón en tu mente para pensar *siempre* en Él. Mantén tu mente adherida a Él, como pegamento. Cuanto más pienses en Él, leas Su Palabra y ores, mejor lo conocerás y más confiarás en Él.

Así que ahí lo tienes: adherirse como pegamento a Dios te lleva a confiar en Él, lo que conduce a la paz. Es sencillo.

Querido Dios:

Quiero paz en mi vida. Por favor, enséñame a fijar mi mente en Ti y a confiar en Ti para encontrar verdadera paz.

Amén

Fe apasionada

«Abandona tu fe en Dios o serás arrojada a un fuego al rojo vivo!». No hay término medio... las opciones son: *¡no hay Dios o el fuego*! Sadrac, Mesac y Abednego tuvieron que tomar esa decisión y eligieron a Dios. Cada uno de esos jóvenes amaba tanto a Dios que estaban dispuestos a morir por su fe.

Increíble... ¿Amas algo lo suficiente como para estar dispuesta a morir por ello? Bueno, Dios honró la fe de los muchachos y los protegió en el horno de fuego. No, no solo los protegió: ¡envió a Su ángel para caminar en medio del fuego con ellos!

El rey que los arrojó allí en primer lugar quedó tan impresionado que comenzó a alabar a Dios. Dios honra la fe de sus hijos. Las vidas cambian cuando la fe se activa.

Querido Dios:

¡Esos jóvenes fueron valientes! Enséñame a tener ese tipo de fe. Te amo ahora, ¡pero quiero amarte más todavía!

Amén

La mejor opción

El SEÑOR había provisto que un GRAN PEZ se tragara a JONÁS; y Jonás estuvo dentro del PEZ durante tres días y tres noches.

JONÁS 1:17

Entonces... ¿Qué sucede con todo este asunto de «obedecer»? ¿Te parece que siempre hay alguien que te dice qué hacer? Cuando lo que te piden es algo que no quieres hacer, ¡entonces molesta aún más! Jonás sabía al respecto. Dios le ordenó advertir al pueblo de Nínive que corrigiera su conducta.

Pero Jonás no quiso obedecer. Así que se fue en la dirección opuesta. Aparentemente pensó que Dios no sabría dónde estaba. *Error.*

La conclusión es que Jonás terminó en el vientre de un pez durante tres días y tres noches para reflexionar sobre su desobediencia. Entonces decidió que era mejor obedecer y Dios le dio otra oportunidad cuando el pez, bueno... lo vomitó. Así que... obedece a Dios. ¡Es la mejor opción!

Querido Dios:

A veces me resulta difícil obedecer. Pero recuérdame que es importante hacerlo... especialmente obedecerte a Ti.

Amén

22 DE FEBRERO

Dedicada a Dios

Llena un vaso hasta el borde con agua. ¿Puedes llenar ese mismo vaso con leche? ¡Por supuesto que no, ya está lleno de agua! No se puede llenar el mismo recipiente con dos sustancias.

Tu corazón tampoco puede estar lleno de dos cosas distintas. Cuando hay dos elementos que compiten por tu atención y energía, terminarás resentida con una de ellas. Algunas personas llenan sus corazones con el amor al dinero en lugar del amor a Dios.

El dinero no puede ser lo más importante en tu vida. Dios quiere ser el número uno y no comparte ese puesto con nada más. Consagra tu corazón solo a Dios.

Querido Dios:

Es muy tentador desear tener cada vez más dinero. Pero no quiero que nada sea más importante en mi vida que Tú. Ayúdame a llenarme de Ti y solo de Ti.

Amén

Buenos regalos

«Así que si ustedes, gente pecadora, saben dar BUENOS REGALOS a sus hijos, cuánto más su PADRE CELESTIAL dará buenos regalos a quienes LE PIDAN».

Mateo 7:11

Dios quiere darte cosas buenas. Piensa en eso... el Creador del universo quiere darte cosas buenas. Incluso más que tus propios padres. Él te ama tanto.

«Bueno, está bien», dices. «¡Dale, Dios! ¡Dame todo lo que quieras!». Espera un momento. Lo que Dios quiere regalarte quizás no sean «cosas» como teléfonos o ropa de moda.

Él quiere darte aquello que hará crecer tu fe en Él y tu sensibilidad hacia los demás. Quiere hacerte una mejor persona. ¡Le importas muchísimo!

Querido Dios:

¡Me impresiona que me ames tanto! Gracias por cada regalo que ya me has dado. Ayúdame a convertirme en la mujer que quieres que sea.

Amén

Amor verdadero

Puede que a veces no lo parezca, pero tus padres te aman, ¡y mucho! La mayoría de los padres harían lo que fuera para proteger a sus hijos del dolor. Una madre o padre normal no permitiría que su hijo sufriera en absoluto.

Pero Dios sí. Él tenía un Hijo... uno solo. No había otros hijos en casa para ayudar a aliviar el dolor. Él envió a Su único Hijo, Jesús, lejos de Su hogar (el cielo) para vivir en la tierra. Jesús le enseñó a las personas cómo tratarse entre sí y cómo adorar a Dios. Algunos de ellos reaccionaron torturándolo y matándolo, y Dios lo permitió, debido a Su amor por esas mismas personas.

Tú eres parte de ese grupo. Dios lo hizo por toda la humanidad. Así de inmenso es su amor.

Querido Dios:

Debe haberte dolido ver lo que Jesús tuvo que atravesar. Gracias por amarme tanto.

Amén

Pan y agua

El pan y el agua no son exactamente alimentos *gourmet*. Pero el pan y el agua son elementos básicos de una buena dieta. Una persona puede vivir mucho tiempo solo con pan y agua. Jesús prometió ser el pan y el agua para Sus hijos.

En el resto de este versículo, Él no dice que tu estómago nunca gruñirá o que nunca tendrás la boca seca. Está diciendo que tu alma nunca volverá a tener hambre o sed si vienes a Él. Él es todo lo que necesitas.

Jesús te llenará con Su amor. Te cuidará y protegerá. Te guiará y enseñará. No necesitas nada más que a Él.

Querido Dios:

Esto es muy difícil de entender porque parece que necesito muchas cosas. Ayúdame a entender cómo Jesús puede ser todo para mí. Quiero aprender eso.

Amén

Bien acompañada

¡Decir adiós es horrible! ¿Alguna vez tuviste que despedirte de una amiga que se mudó? ¿Qué tal una despedida con el corazón roto a un «amigo especial»? ¡Una despedida realmente desgarradora nunca es fácil!

Jesús sabía que iba a morir. Sabía que su partida no iba a ser algo sencillo para sus amigos. Después de todo, había pasado prácticamente cada minuto durante tres años y medio con ellos, y lo extrañarían mucho.

Así que le pidió a Su Padre que enviara a alguien para estar con ellos. Ese era el Espíritu Santo. A Jesús le importaban tanto sus amigos que no quería que estuvieran solos. Quería que siempre experimentaran Su presencia y que siguieran aprendiendo y creciendo en su fe.

Querido Padre:

Gracias porque Jesús se preocupó tanto. Gracias porque Tú también te preocupas por mí. Sé que el Espíritu Santo siempre está conmigo.

Amén

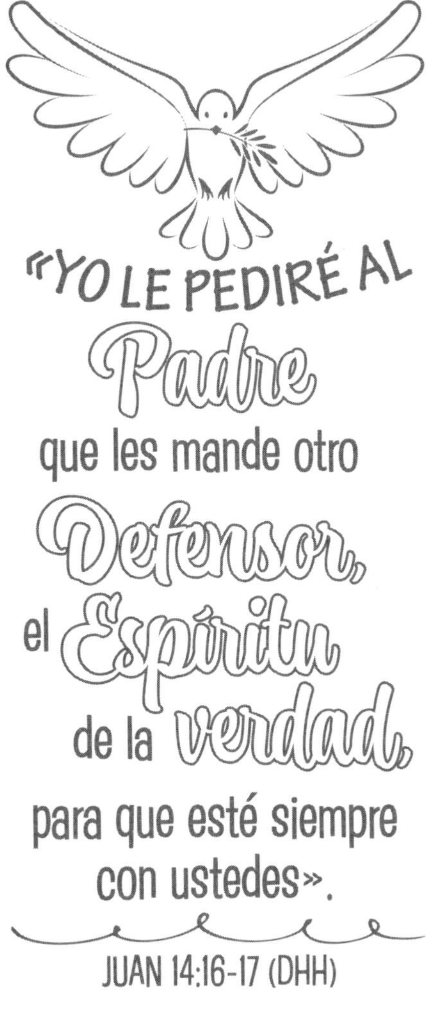

27 DE FEBRERO

Imitadora

> Lleven una vida de amor, así como Cristo nos amó y se entregó por nosotros.
>
> Efesios 5:2 (NVI)

De acuerdo, seamos honestas. ¿Tú y tus amigas compran el mismo estilo y marca de ropa? ¿Les gusta hacer las mismas cosas? En serio... ¿ustedes copian cualquier estilo que esté de moda en este momento?

Jesús nos dio un estándar para copiar. Dijo que todos deberían imitar a Dios, ser imitadores de Dios. Incluso explicó lo que eso significaba: imitar a Dios significa amar a otras personas. Una vida de amor significa amar no solo cuando tienes ganas.

Amar a tus amigas que son muy como tú, eso es fácil. Una vida de amor significa amar a quienes son diferentes a ti. Significa hacerlo cuando no es sencillo. Para amar así, tienes que estar cerca de Dios, ¡debes imitarlo!

Querido Padre:

Enséñame a amar como Tú amas. No es fácil amar a los chicos que son diferentes a mí y a mis amigas. Ayúdame a amar como Tú lo haces.

Amén

28 DE FEBRERO

Disciplinada en amor

La disciplina no es divertida. Seguramente la pasas mal cuando te castigan o te disciplinan quitándote privilegios. ¿Alguna vez se te ocurrió pensar que a tus padres no les gusta castigarte?

Sin embargo, la disciplina es necesaria, porque te impide seguir haciendo lo malo. Los padres tienen que hacerlo, pero les duele hacerte sentir triste.

La disciplina de Dios es muy similar. Lo hace porque te ama. Pero no le gusta hacerte sentir triste o enojada. Él solo sabe que si no la recibes, seguirás yendo por la senda equivocada. No aprenderás el camino correcto. La disciplina significa que eres amada.

Querido Dios:

Bueno, no me gusta que me disciplinen. No es divertido y significa que la embarré. Pero, bueno, me alegra que me ames lo suficiente como para disciplinarme.

Amén

El SEÑOR DISCIPLINA A LOS QUE AMA.

HEBREOS 12:6

Caminar en la Luz

Y EN ÉL NO HAY NINGUNA OSCURIDAD. SI AFIRMAMOS QUE TENEMOS COMUNIÓN CON ÉL, PERO VIVIMOS EN LA OSCURIDAD, MENTIMOS Y NO PONEMOS EN PRÁCTICA LA verdad.

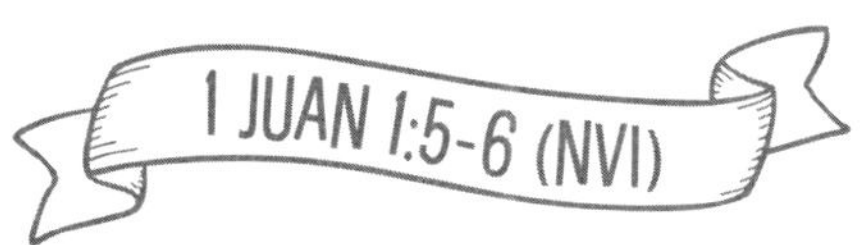

¿Conoces el viejo dicho: «No juzgues un libro por su portada»? Significa que el arte de la tapa puede prometer una cosa, pero por dentro el contenido es totalmente diferente.

Lo mismo se aplica a tu caminar con Dios. Puedes declarar todo lo que quieras sobre cuánto oras, con qué frecuencia lees la Biblia y lo cerca que estás de Dios… pero no puedes engañarlo a Él. Lo que verdaderamente hay en tu corazón será evidente para Dios: el egoísmo, un espíritu mezquino, la ira, la falta de amor.

Si esas cosas habitan en tu corazón, entonces puedes afirmar todo lo que quieras sobre tu andar con Dios. Él sabe la verdad y la verdad es que has estado mintiendo.

Querido Dios:

No quiero vivir una mentira. Ayúdame a caminar realmente en la luz… Tu luz.

Amén

Marzo
Dios oye tus oraciones

Tiempo de orar

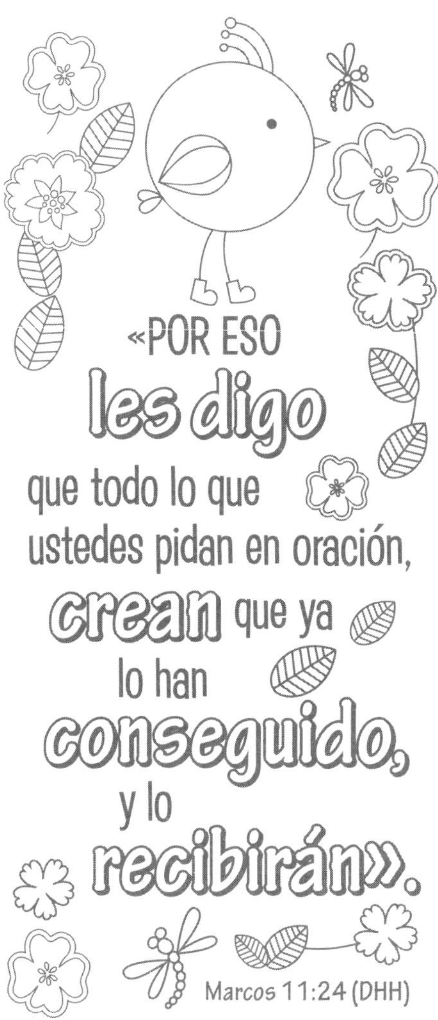

«Querido Dios, por favor ayúdame...», (bostezo...), «bla, bla, bla...». ¿Se parece eso a tus oraciones? Cuando oras, ¿crees que Dios te oye? ¿Crees que le importas? ¿Crees que realmente podría responder tus oraciones? Si tu respuesta es no, entonces solo estás orando porque piensas que es una obligación. O tal vez estás esperando que Dios realmente te escuche y responda.

Esa no es la manera en que la Biblia dice que oremos. Jesús pronunció estas palabras en Marcos 11 y enseñó que cuando ores, debes creer que Dios te escucha y que responde. Eso, amiga mía, ¡es un mandato de arriba!

Querido Dios:

Saber que realmente oyes mis oraciones cambia la forma en que voy a orar. Ahora sé que la oración puede marcar la diferencia.

Amén

Agradecida en todo tiempo

«Está bien», puedes decir, «ya he oído bastante eso de "orar todo el tiempo". Pero ¿dar gracias en toda circunstancia… en serio? ¿Realmente significa *todas*, incluso las malas?».

Seamos realistas. ¿La Biblia te ordena que saltes de alegría cuando muere un ser querido? ¿Qué pasa si tus amigas comienzan a comportarse de manera tonta y dejan de ser tus amigas? Bueno, sí, eso es lo que dice este versículo. Sin embargo, ¿Dios espera que estés agradecida por las cosas malas que suceden? No, pero puedes agradecerle por no tener que atravesarlas sola.

Dios sabe todo lo que te sucede. Te ayudará, fortalecerá y nunca te dejará sola. Puedes agradecerle continuamente por eso.

Querido Dios:

Gracias porque siempre estás conmigo. Gracias por quedarte cerca y darme fuerzas cuando las cosas se ponen difíciles. ¡Eso me ayuda mucho!.

Amén

1 Tesalonicenses 5:17-18 (NVI)

Hazlo bien

¿Alguna vez metiste tanto la pata que pensaste que las cosas no tenían solución? Bueno, podrías pensar que, si alguien caería tan bajo, ese sería Jonás. Después de todo, había desobedecido a Dios, huido de Él, se escondió en un barco y luego lo terminó tragando un pez.

Aun así, por muy mal que estuvieran las cosas, Jonás fue a Dios. No esperó a llegar a una iglesia bonita y limpia para orar y pedirle perdón. Allí mismo, en el vientre del gran pez, Jonás se dirigió a Dios, confesó su pecado y le pidió perdón. Cuando reconozcas que te has equivocado, aclara el asunto con Dios. Él escuchará tu oración sin importar dónde estés. Él te perdonará y ayudará a volver al camino correcto.

Querido Dios:

Recuérdame que puedo orar en cualquier momento y en cualquier lugar, y que Tú me escucharás.

Amén

Oración en primera línea

Sencillo, ¿no? Confía en Dios y Él responderá tus oraciones. Quizás te sorprendas al ver que este versículo de solo ocho palabras aparece en medio de la descripción de una terrible batalla. Algunos soldados clamaron a Dios en medio del combate y Él respondió sus oraciones y los ayudó a vencer.

Sin embargo, la clave aquí es que estos hombres confiaron en que Dios escucharía su oración y les respondería. Y Dios recompensó su confianza.

¿Con cuánta confianza le oras a Dios? Es fácil hacer oraciones adornadas cuando las cosas van bien. Pero cuando estás en medio de una batalla, ¿crees que Él te escucha? Pues deberías hacerlo: Su historial registrado en la Biblia demuestra cuánto le importas.

Querido Dios:

No sé por qué me cuesta tanto, pero enséñame a poner mi confianza en Ti.

Amén

Ora por la paz

«¿QUÉ? ¿Orar por esos chicos raros que me maltratan, se burlan de mí y casi siempre me hacen la vida imposible? ¡De ninguna manera! Oh, espera, tal vez ore por ellos: para que se les caiga el pelo y a cada uno le salgan un montón de granitos, ¡del tipo que duele de verdad!». Emm, no, eso no funcionará.

Cuando Jesús ordenó que oráramos por aquellos que nos lastiman, realmente quiso decir que lo hagamos. La oración es una conversación con Dios. Hablar con Dios significa que tu corazón se alinea con el Suyo, y Su corazón está lleno de amor. No puedes seguir enfadada con la persona por quien estás orando. Por lo tanto, si oras por tus enemigos sentirás paz en tu propio corazón. Es un beneficio adicional bastante genial, ¿verdad?

Querido Dios:

Ayúdame a ser lo suficientemente fuerte para orar por mis enemigos. No puedo hacerlo sin Tu ayuda.

Amén

6 DE MARZO

No estás sola

«¡Oigan, ayúdenme un poco por aquí!» ¿Alguna vez te has sentido como si estuvieras caminando en completa oscuridad, tan oscura que ni siquiera puedes ver tu mano frente a ti? Gritas por ayuda, pero tus palabras parecen rebotar en tu cara. Te sientes sola, completamente sola.

Tal vez estás rogándole a las personas equivocadas. Quizás estás buscando ayuda en los lugares incorrectos. Dios escuchará tus oraciones, te enseñará cómo vivir y te mostrará Su voluntad. Él prometió que Su Espíritu Santo te guiará. No estás sola. Dios quiere ayudarte, solo está esperando que se lo pidas. Adelante... pídele.

Querido Dios:

Necesito Tu ayuda. Al igual que el salmista, te pido que me ayudes y me enseñes. Gracias por nunca dejarme sola.

Amén

Enséñame a hacer tu voluntad, porque tú eres mi Dios. Que tu buen Espíritu me lleve hacia adelante con pasos firmes.

SALMOS 143.10

No te preocupes

Un sudor frío brota de tu frente. Te agitas y te falta el aire al respirar. Tus sentidos están tan agudizados que crees oír un alfiler caer al suelo. Estás lista para salir corriendo en cualquier momento. ¿Qué te está pasando? Es miedo, un miedo simple y palpitante. ¿Qué te da miedo? ¿Qué te preocupa? ¿Qué haces con todas esas emociones?

Dios dice que debes llevárselas a Él. Después de todo, cuando lo piensas, Él es el Único que realmente puede hacer algo con lo que te preocupa o asusta. Confía en Él lo suficiente como para entregarle esas cosas. No te preocupes... ¡solo ora!

Querido Dios:

Pierdo mucha energía preocupándome o asustándome cuando todo lo que realmente necesito hacer es llevar mis miedos a Ti. Gracias por cuidarme. Recuérdame que debo acudir a Ti primero. Así no tendré que preocuparme después.

Amén

Número uno

¿Alguna vez deseaste tanto algo que casi podías saborearlo? ¿Tanto que no podías pensar en nada más? Lo que tanto deseabas, o la atención de alguien que te importaba y anhelabas le dio color a todo lo demás.

Bueno, en este versículo casi se puede percibir el anhelo en la voz de Dios. Él quiere que Su pueblo se vuelva a Él. Dios quiere tu amor. Quiere que dejes de lado tu orgullo... tu propia agenda... para humillarte ante Él. Dios quiere ser lo más importante. Quiere perdonar tu pecado.

Todo lo que pide es humildad y oración.

Querido Dios:

Sé que a veces me considero más importante que Tú. Enséñame a quitar mi orgullo del camino y buscar Tu voluntad.

Amén

«SI MI PUEBLO, que lleva MI NOMBRE, se HUMILLA y ora, busca mi ROSTRO y se APARTA de su conducta perversa, yo oiré desde el CIELO, PERDONARÉ SUS PECADOS Y RESTAURARÉ SU TIERRA».

2 Crónicas 7:14

Las mejores oraciones

¿No odias a los fanfarrones? Son personas que siempre quieren ser el centro de atención. No importa lo que esté pasando, hablan más fuerte y hacen tonterías para que todos los miren. Se creen tan geniales.

¿Te resulta difícil creer que algunas personas realmente son presumidas cuando oran? Sí, oran largo y fuerte y usan palabras elegantes. «Suena» como si fueran súper espirituales, pero lo que hay en sus corazones no es tan puro. Están haciendo un espectáculo para la gente... no es para Dios.

Cuando ores, no hagas una función para los demás. Recuerda que no tienes que decir palabras extravagantes ni hacer oraciones largas. Solo ora lo que hay en tu corazón.

Querido Dios:

Te amo. Quiero orar lo que hay en mi corazón y ser sincera contigo. Gracias por escuchar mis oraciones.

Amén

Haz la diferencia

«No puedo hacer nada, soy demasiado chica. Nada de lo que hago o digo hace alguna diferencia para nadie». ¿Es eso lo que piensas? ¡Espera un momento, Señorita Negativa! Eso simplemente no es así. Este versículo promete que tus oraciones pueden cambiar las situaciones en tu vida y en la vida de los demás.

Si tu corazón realmente desea servir a Dios, si es algo justo, tus oraciones hacen la diferencia. No consideres el aspecto de la palabra «justo» como algo negativo. No significa que nunca peques o hagas algo malo. Significa que en el centro de tu corazón realmente deseas servir y obedecer a Dios. Él sabe que a veces vas a meter la pata. No espera la perfección. Mantén tu corazón enfocado en Dios y ora por todo lo que puedas; eso hará la diferencia.

Querido Dios:

Gracias porque puedo marcar la diferencia al orar. ¡Juntos hacemos un gran equipo!

Amén

Halagos

Oye, cuando alguien empieza a decir palabras bonitas sobre ti, ¿le dices que deje de hacerlo o las saboreas? Te hace sentir bien cuando alguien lo hace. Es lindo saber que te aprecian y que la gente nota tus buenas cualidades o valora tus esfuerzos por hacer cosas buenas.

Aquí tienes un buen recordatorio: que tus oraciones no sean siempre: «Dios, haz esto, o ayúdame en eso, o dame aquello». Tómate un tiempo todos los días para agradecerle a Dios por lo que hace por ti. Alábalo por Su amorosa bondad, por darte a tu familia, tus amigos y un hogar. Alábalo por el mundo que creó. Alábalo por cuidar de ti. Alábalo por tener un plan para tu vida. Alábalo todos los días.

Querido Dios:

Te pido perdón porque muchas veces mis oraciones solo eran «Dame...». Te alabo por Tu amor y cuidado hacia mí y mis seres queridos.

Amén

Compañeras de oración

Pasar tres días sin comer... sí, claro... ¿y hacer qué? Bueno, por lo general, el ayuno se asocia con la oración. Entonces, cuando la reina Ester le pidió a Mardoqueo que los judíos ayunaran por ella, probablemente dio por hecho que ellos también estaban orando por ella. Eso funcionó y Dios actuó para proteger al pueblo judío de ser asesinado.

La reina Ester era inteligente: sabía que necesitaba apoyo en oración. Tenía una misión demasiado grande para hacerla sola. La mayoría de los encargos para Dios son así.

Todos necesitamos las oraciones de los demás para ayudarnos en la vida. Habla con alguien de tu confianza para que sea tu compañera de oración. Compartan los desafíos que tengan y oren la una por la otra.

Querido Dios:

Ayúdame a encontrar una buena compañera de oración... alguien con quien compartir mis motivos de oración.

Amén

«Ve y reúne a todos los judíos que están en Susa y hagan AYUNO por mí. No COMAN ni BEBAN durante tres días, ni de noche ni de día; mis doncellas y yo haremos lo mismo».

Ester 4:16

13 DE MARZO

Oración y alabanza

ALREDEDOR DE LA MEDIANOCHE, Pablo y Silas ESTABAN ORANDO & Y CANTANDO HIMNOS A Dios, Y LOS OTROS PRISIONEROS ESCUCHABAN.

HECHOS 16:25

¡Qué lindo! Pablo y Silas tenían un ministerio en la cárcel: visitaban a los prisioneros y tenían un tiempo de alabanza y adoración para ellos. ¡No exactamente! Pablo y Silas eran prisioneros. Tenían los pies encadenados, no podían levantarse ni caminar. No habían hecho nada malo, solo predicaban acerca de Dios y los echaron en la cárcel.

¿Cómo puede ser que ellos oraban y cantaban estando en prisión? Porque sabían que la oración y la alabanza no son solo para cuando todo va bien. Ellos tenían una audiencia de prisioneros que necesitaban saber que Dios los amaba.

Pablo y Silas no perdieron el tiempo sintiendo lástima por sí mismos. ¿Cómo reaccionas cuando te empieza a ir mal? ¿Te quejas u oras? Recuerda que otros te están escuchando.

Querido Dios:

Olvidé que hay personas a mi alrededor que me están escuchando. Ayúdame a actuar como Pablo y Silas.

Amén

Déjalo ir

¿Qué tipo de cosas te preocupan? ¿Qué te mantiene despierta por la noche con un nudo en el estómago? Detente y piensa: ¿hay algo de lo que te inquieta que realmente termine sucediendo? La mayoría de las veces no, entonces, ¿por qué pasar tanto tiempo preocupándote? Es sencillo decir simplemente: «deja de preocuparte». Pero es difícil soltar esa carga porque necesitas tener un lugar donde depositar esa energía.

Lo mejor que puedes hacer es entregarla en oración. Déjale tus problemas y preocupaciones a Dios. A Él le importa lo que te preocupa y puede encargarse de eso. Solo entrégaselo.

Querido Dios:

Me resulta difícil soltar todo lo que me preocupa o asusta. Ayúdame a poder entregarte esas cargas y dejarlas ahí.

Amén

Solo pide

Cuando alguien te hace una promesa, ¿crees absolutamente que la cumplirá? ¿Comienzas a anticiparte y vivirla como si ya estuviera cumplida? Algunas personas no son tan buenas para cumplir promesas, o tal vez lo hacen a medias. Pero tú puedes confiar en las promesas de Dios.

Estas palabras en Mateo fueron dichas por Jesús, y parece que hay muchísimas cosas que las personas no tienen solo porque no las piden. Dios quiere dártelas porque te ama. Alinea tu corazón a Él, pídele Sus bendiciones y que guíe tu vida.

Querido Dios:

No quiero perderme algo solo porque no te lo pedí. Ayúdame a seguir pidiéndote guía y ayuda para recibirlas.

Amén

16 DE MARZO

¡Espera, espera, espera!

¡Esperar no es divertido! ¿Eres una persona que espera con paciencia y sigue con su vida tranquilamente hasta que llegue lo que estabas esperando? ¿Cómo te va con Dios? ¿Le pides que haga algo o que te ayude, pero luego te cansas de esperar y tomas el asunto en tus propias manos?

Noticia de último momento: no puedes encargarte de las cosas mejor que Dios. El salmista aprendió que era importante esperar pacientemente a Dios. David clamó, luego esperó y Él escuchó sus oraciones.

Esperar no es divertido ni sencillo. Pero, cuando esperas, tienes tiempo para aprender a confiar en Dios y reflexionar si realmente quieres que haga lo que le pediste en la emoción del momento.

Querido Dios:

Reconozco que soy demasiado impaciente. Te pido que me ayudes a tener más paciencia y a confiar más en Ti.

Amén

Con paciencia esperé que el SEÑOR me ayudara, y él se fijó en mí y oyó mi clamor.

Salmos 40:1

Necesidades versus deseos

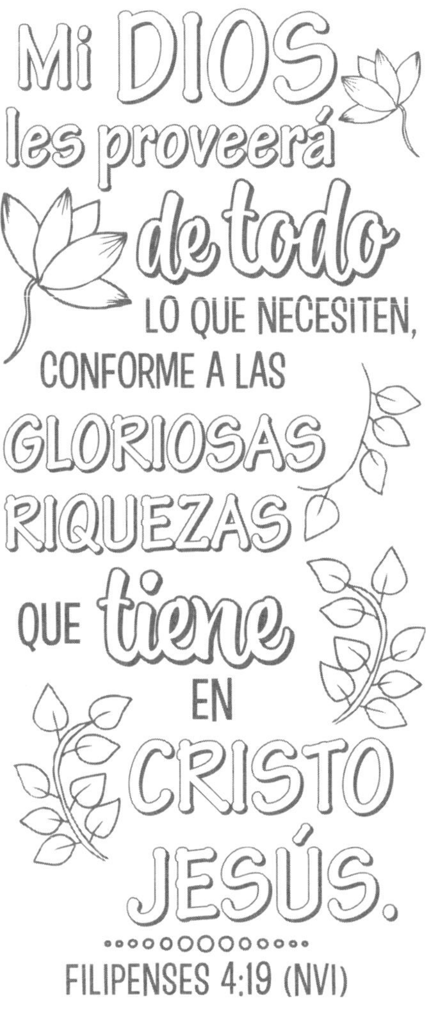

¿Te suena familiar algo de esto: «necesito zapatos nuevos», «necesito un iPad», o «necesito un teléfono nuevo»? Ahora detente y piensa en cuántas veces le dices a tus padres que necesitas algo. ¿Realmente necesitas esas cosas o simplemente las quieres? ¿Tus oraciones se basan en deseos en lugar de necesidades? A menudo tratamos de decirle a Dios qué hacer, porque queremos que nuestras vidas sean más sencillas o felices. Le pedimos que haga las cosas a nuestra manera.

Dios no prometió que hará eso, sino que cubrirá nuestras necesidades. Eso es algo completamente diferente. Piénsalo: ¿alguna vez Dios no te proveyó lo que necesitabas? Lo más probable es que no. Detente y agradécele porque Él sabe lo que es mejor para ti y te da lo que precisas.

Querido Dios:
Esto me resulta difícil. Gracias por suplir mis necesidades y por entenderme cuando te pido algo que quiero.

Amén

Perdonar y olvidar

Oye... ¿quién te crees que eres? ¿De verdad crees que está bien hablar con Dios, decirle cuánto te arrepientes por algo malo que hayas hecho y pedirle que te perdone, cuando guardas enojo en tu corazón hacia alguien? Sé realista. Si te atreves a pedirle a Dios que perdone tus pecados, es mejor que estés dispuesta a perdonar a los demás por lo que te hayan hecho.

Hay un viejo dicho que dice «la ley es ley para todos». Sí, es extraño, pero lo que significa es que, si Dios es lo suficientemente bueno y compasivo como para perdonarte, entonces tú también deberías perdonar a los demás. Acércate a Dios con un corazón puro para que Él pueda perdonarte y bendecirte.

Querido Dios:

Supongo que esto tiene sentido. Te pido que me ayudes a perdonar a los demás. En realidad, me hará feliz incluso deshacerme de mi enojo, porque se necesita mucha energía para seguir guardando rencor.

Amén

Fuerza y coraje

¿Alguna vez te has sentido completamente sola? ¿Como si nadie te entendiera? De todos modos, nadie puede hacer nada para resolver todo lo malo en tu vida. Tal vez recurres a tus amigas o a tu «amigo especial» en busca de ayuda... y ellos no pueden hacer nada. La conclusión es que ni siquiera las personas que te aman pueden solucionar los problemas de tu vida. Esa tarea es de Dios y solo de Dios. Ve a Él, pídele valentía y sabiduría. Pídele que camine contigo y Él lo hará porque lo prometió.

El salmista descubrió lo mismo. Dios respondió a su clamor y lo hizo fuerte y valiente. ¡Podrás superar muchas cosas en la vida cuando sepas que no estás sola!

Querido Dios:

Te doy gracias por escuchar mis oraciones. Dame fuerza y valor al recordar que no estoy sola.

Amén

Adoración

¿Cuál es tu grupo musical favorito? ¿Alguna vez has ido a uno de sus conciertos? ¿La multitud gritaba y chillaba? ¿Tienes carteles del cantante en tu habitación? ¿Intentas vestirte o peinarte como ellos? ¿Admiras todo lo que dicen y hacen? ¿Sabes qué? Solo Dios es digno de ser adorado de esa manera.

Esa es una parte de la oración que simplemente no puedes ignorar: adorar a Dios por quién es Él y por todo lo que hace por ti. Detente y piensa en las historias de la Biblia sobre el cuidado de Dios por Su pueblo. Piensa en los milagros que hizo para protegerlos.

Mira a tu alrededor y observa el mundo hermoso que Él creó. Recuerda que Él pensó en la familia, los amigos, las mascotas... en todo lo que llena tu vida de alegría. Adóralo por Su creatividad y generosidad.

Querido Dios:

Yo te adoro. Te doy gracias por todo lo que me has dado e hiciste por mí.

Amén

La confesión es buena

Cuando tu mamá te ordena que limpies tu habitación, ¿alguna vez solo metes todo el desorden debajo de la cama o en el armario para que el suelo parezca limpio? ¿Alguna vez metes la ropa limpia en el cesto de ropa sucia en lugar de colgarla?

Bueno, esconder el desorden no es lo mismo que limpiar. Lo mismo es cierto con la oración. Dios dice que debes confesar tu pecado: admitir lo que has hecho mal. No intentes ocultarlo, solo confiésalo. Cuando lo hagas, Él promete perdonarte y limpiarte. Esa es una buena recompensa por la honestidad ¿verdad?

Querido Dios:

Me cuesta admitir que me he equivocado. Supongo que creo que, si no lo reconozco, tal vez no te das cuenta, pero esa no es la forma correcta de pensar. De acuerdo, te pido perdón por mi pecado. Por favor, perdóname.

Amén

22 DE MARZO

Trabajo en equipo

Un equipo de baloncesto o fútbol solo gana partidos si todos los jugadores trabajan juntos. Si hay una superestrella que no ayuda a sus compañeros ni les pasa el balón, entonces el equipo no ganará muchos partidos. Los miembros de un equipo se necesitan unos a otros; los hijos de Dios también. Por eso la Biblia nos dice que oremos unos por otros. Tus oraciones por otros cristianos los ayudarán a ser fuertes y a permanecer cerca de Dios.

Tus oraciones también te harán sentir cerca de los demás; te sentirás como un compañero de equipo que sostiene a sus amigos y familiares en oración ante Dios. También te sentirás parte en su andar con Dios. Ora por los demás, ¡en todo tiempo!

Querido Dios:

Necesito las oraciones de los demás y quiero acordarme de orar por ellos. ¡Te agradezco por el equipo!

Amén

Manténganse alertas y perseveren en oración por todos los creyentes.

Efesios 6:18 (NVI)

Ayudante de oración

Sin duda crees que la oración es importante. Después de todo, probablemente hayas oído hablar de la oración desde que comenzaste a ir a la iglesia o a la escuela dominical. Pero ¿alguna vez te pasó que tus problemas son tan abrumadores que simplemente no sabes qué orar, o no puedes encontrar las palabras exactas para entender lo que estás sintiendo?

¡No te preocupes! Recuerda que Jesús le pidió a Dios que envíe al Espíritu Santo para que siempre esté con los creyentes. Bueno, el Espíritu Santo no solo pasa tiempo contigo, ¡también ora por ti! Cuando no encuentres las palabras justas para expresar lo que hay en tu corazón, ¡el Espíritu Santo orará por ti! Él sabe precisamente lo que necesitas.

Querido Dios:

Te doy muchas gracias por el Espíritu Santo. Gracias por Sus oraciones por mí y por Su ayuda.

Amén

Líderes mundiales

¿Sabías que puedes desempeñar un papel en las decisiones mundiales? Sí, los presidentes, los senadores, los representantes, los reyes, los primeros ministros, las personas que toman decisiones que afectan al mundo entero necesitan tus oraciones. ¿Piensas orar por ellos?

Estos versículos te animan a orar por las autoridades. Después de todo, ¡ellos necesitan mucho a Dios! Toman decisiones sobre temas tan complejos como guerras, impuestos y la vida cotidiana del pueblo. Cuando oras para que Dios los dirija y los guíe, eso te pone en su equipo y te da un rol en su trabajo.

Recuerda orar para que estos líderes mundiales sigan a Dios y lideren a sus naciones con la sabiduría que Él da.

Querido Dios:

¡Guau! No me había dado cuenta de lo importantes que podían ser mis oraciones. Te ruego que los líderes de mi país te sigan de cerca.

Amén

EN PRIMER LUGAR, TE RUEGO QUE ORES POR TODOS LOS SERES

PÍDELE A DIOS QUE LOS AYUDE; INTERCEDE EN SU FAVOR, Y DA GRACIAS POR ELLOS. ORA DE ESE MODO POR LOS REYES Y POR TODOS LOS QUE ESTÁN EN AUTORIDAD, PARA QUE PODAMOS TENER

UNA VIDA PACÍFICA Y TRANQUILA.

Las mejores noticias de la historia

Cuando escuchas una muy buena noticia, ¿qué es lo primero que haces? Probablemente le mandas un mensaje a una amiga para contarle, ¿cierto? ¿Sobre qué temas hablan tú y tus amigas? ¿Acaso noticias sobre otras personas, sus bandas favoritas o la escuela? Las novedades sobre esos asuntos se difunden muy rápido.

Pero la noticia más importante del mundo, la más grande de toda la historia, debería ser la que se comunique más rápidamente: la del amor de Dios. Recuerda orar por las personas que eligieron compartir esa buena noticia como su misión de vida. Ora para que este mensaje se anuncie por todo el mundo. ¡Es el mensaje más importante de todos los tiempos!

Querido Dios:

Te pido que ayudes a los misioneros de todo el mundo a cumplir la tarea de hablarle a otros sobre Ti. Ayuda también a mis pastores y líderes, mientras trabajan aquí mismo en nuestra ciudad.

Amén

¡Alabado sea Dios!

¡Hurra por Dios! Alabado sea Dios todo el tiempo. Alabado sea Dios en todas partes. Alábalo con cada suspiro. Olvídate de pedirle cosas. Olvídate de las quejas. Detente y alábale.

Deja que tu mente y tu corazón se llenen de pensamientos acerca de lo amoroso y bondadoso que es Él. Piensa en Su poder, en Su creatividad y en Sus regalos para ti.

¡Baila y cántale una alabanza llena de gozo! ¡Adelante! Lo disfrutarás, ¡y Dios también!

Querido Dios:

Te alabo por las montañas y los océanos. Te alabo por las flores, las mariposas y también por mis mascotas. Te alabo por mi familia y mis amigos. Te alabo por amarme y cuidarme, ¡te alabo por todo!

Amén

El pan de cada día

Algunas personas nunca tienen suficiente de nada. Quieren más dinero, una casa más grande, un auto más lindo... ¿Y tú? ¿Siempre quieres más ropa, más tecnología y juegos, más cosas? ¿Cuándo tienes lo suficiente?

Jesús dejó un modelo de cómo orar: se lo conoce como el Padrenuestro. Él nos enseñó a orar por nuestro pan de cada día, lo que necesitamos para cada día. Eso es todo. Su ejemplo de oración nos recuerda que algunas personas no tienen suficiente comida para un día, pero otras almacenan provisiones para meses y meses. Algunos oran por solo un pedazo de pan para hoy, mientras que otros tienen casas lujosas, autos y tantas cosas que... bueno, es vergonzoso. Ora por lo que necesitas, no por el exceso, y agradécele a Dios por lo que te da.

Querido Dios:

Te agradezco por darme el alimento para cada día. Gracias por todo lo que me das.

Amén

Limpia

Digamos que es un día caluroso de verano y has estado jugando al fútbol. Estás sucia, transpirada y tu cabello es un desastre. Luego es hora de ir a la fiesta de cumpleaños de tu amiga. ¿Vas así, toda sucia y sudada? ¡Por supuesto que no! Te duchas, te lavas el cabello y te pones ropa limpia. Te arreglas.

Limpiarse también es parte de una vida de oración sana. Cuando ores, no le presentes a Dios inmediatamente una lista de «dame» y «haz esto», lávate primero. Confiesa tus pecados y pídele perdón. Limpia todo tu corazón perdonando a las personas a las que les guardas rencor. Una vez que estés limpia, puedes alabarlo y llevarle tus peticiones.

Querido Dios:

Recuérdame limpiarme y arrepentirme al empezar mis conversaciones contigo.

Amén

Los que mueven montañas

¿Crees que puedes levantar un peso de quinientas libras con una mano? Sí, probablemente no creas que tu brazo tenga tanta fuerza. Bueno, ¿qué hay de tus oraciones: crees que tienen algún poder? Tal vez no te molestes en orar por cosas que parecen imposibles porque simplemente no crees que Dios pueda hacer lo que quieres o que lo hará.

¡Lo asombroso es que hay tanto poder disponible para nosotros si tan solo creemos! Piénsalo: podrías mover una montaña si realmente tuvieras fe y no dudaras. ¡Pruébalo!

Querido Dios:

Quiero hacer la diferencia en el mundo. Aumenta mi fe, ¡ayúdame a creer que escuchas mis oraciones y que me responderás!

Amén

Un corazón no dividido

¡Te ha pasado conocer a alguien que se hace pasar por tu «mejor amiga» cuando estás con ella, pero luego te critica a tus espaldas? Se siente como una traición, ¿verdad?

Bueno, imagina cómo se siente Dios cuando Sus hijos tienen un corazón dividido. Un momento lo están alabando y pidiéndole ayuda, pero al minuto siguiente están murmurando contra alguien, o usando el nombre de Dios como un insulto, robando o comportándose con crueldad... cualquier cosa que sea contraria a caminar en la verdad.

No seas culpable de tener un corazón dividido. Pídele a Dios que te enseñe a caminar en Sus caminos y a mantener tu corazón en el camino correcto.

Querido Dios:

A veces mi corazón está dividido: a veces vivo para Ti y a veces no. Enséñame a vivir siempre para Ti y a mantener mi corazón centrado en Ti.

Amén

La primera llamada

Llegó el momento de la sinceridad: ¿a dónde vas cuando estás en problemas? ¿Llamas a una amiga o le envías un mensaje de texto? ¿Te desahogas con ella, lloras y buscan una solución juntas? Estás yendo al lugar equivocado: tu ayuda se encuentra en Dios. Cuando tengas dificultades, llévalas a Él, porque a Él le importas y puede ver el panorama completo de cómo esa situación te puede hacer más fuerte. Él no permitirá que tus problemas te maten, pero te hará aprender algo de ellos.

Además, cuando estés feliz y las cosas estén yendo muy bien, recuerda alabarlo. La conclusión es: ¡habla con Dios todos los días, acerca de todo!

Querido Dios:

Reconozco que a veces hablar contigo no es lo primero que pienso, incluso llega a ser mi cuarto o quinto pensamiento. Te pido perdón por eso. Sé que me amas y te importa lo que me está sucediendo. ¡Iré a Ti primero, tanto cuando necesite ayuda como cuando esté feliz!

Amén

Abril
Obedece, obedece, obedece

1 DE ABRIL

De una sola mente

Mira el frente y el dorso de una hoja de papel. Ahora, separa el frente del dorso. ¿Qué? ¿No puedes? Por supuesto que no. El frente y el dorso pueden ser diferentes (pueden tener escrito algo distinto), pero son parte de la misma hoja, no pueden separarse.

¿A qué le debes esta asombrosa lección de ciencia? Solo a esto: si dices amar a Dios, pero desobedeces Sus enseñanzas en secreto... estás viviendo una mentira. Alguien que dice amar a Dios, lo obedece, y eso no puede separarse de la vida.

Por supuesto, todos tropezamos a veces y todos pecamos, pero si el verdadero deseo de tu corazón es obedecer a Dios..., bueno, eres como esa hoja de papel: ¡con el frente y el dorso para Dios!

Querido Dios:

Quiero aprender a obedecerte más. Por favor, ayúdame.

Amén.

No hay otros dioses

Comencemos por el principio. El primer mandamiento que Dios dio es que quiere ser el Número Uno en tu vida. Él no compartirá esa posición con nadie ni nada más.

Entonces el primer paso para obedecer a Dios es que Él ocupe el lugar más importante en tu vida ¡más que tus amigos o las cosas! No puedes servir a Dios y a algo o alguien más.

Puedes afirmar que Dios es lo más importante y hacer que tus amigos y familiares realmente te crean. Incluso puedes convencerte a ti misma de que lo dices en serio, pero no puedes engañar a Dios. Él ve tu corazón, así que sabe en qué más te estás enfocando. Pídele ayuda para limpiar otras cosas de tu corazón.

Querido Dios:

¡Uf! Esto me resulta difícil, muéstrame si estoy permitiendo que algo o alguien sea más importante en mi corazón. Muéstrame cómo ponerlo a un lado para que Tú seas el Número Uno.

Amén

Sin ídolos

«NO TE HAGAS NINGUNA CLASE DE ÍDOLO NI IMAGEN DE NINGUNA COSA QUE ESTÁ EN LOS CIELOS, EN LA TIERRA O EN EL MAR».

ÉXODO 20:4

Si eres cristiana, eso significa que le has pedido a Jesús que viva en tu corazón. Él lo hace a través del Espíritu Santo, Su regalo para nosotros cuando regresó al cielo.

Como el Espíritu vive en tu corazón, no hay necesidad de hacer ningún tipo de estatua o imagen y adorarlo.

Por supuesto, en nuestras iglesias puede haber cruces y otras imágenes que nos recuerdan lo que Dios ha hecho por nosotros, pero no las adoramos. No permitas que nada reduzca a Dios a un tamaño «humano». Él es más grande que todos nosotros, más grande que el mundo, ¡más grande que el universo!

Querido Dios:

No creo que haya hecho un ídolo de algo. Pero, si lo hice, dímelo. ¡Quiero que seas todo lo que adore!

Amén

Mantengan el nombre de Dios santo

¿Cuántas veces al día escuchas a alguien decir algo como: «Dios, estoy cansado» o «¡Por Dios, eso es increíble!»? Sí, probablemente cientos de veces. El nombre de Dios se ha convertido en un signo de exclamación en nuestro mundo actual.

La gente dice Su nombre todo el tiempo sin siquiera pensarlo, pero están usando mal el nombre santo de Dios. Es muy fácil caer en el hábito de usar Su nombre de esa manera cuando lo escuchas con tanta frecuencia. Una manera de obedecer a Dios es tener cuidado con la forma en que pronuncias Su nombre. Hazlo para alabarlo, para invocarlo y para hablar con Él. No lo uses para exclamar cómo te sientes o para cualquier otro uso similar.

Querido Dios:

Escucho a otros decir Tu nombre de esa manera todo el tiempo. A veces incluso se me escapa y lo digo de esa manera, o lo pienso. Perdóname, quiero honrar Tu santo nombre y nunca usarlo mal.

Amén

El día de reposo

El domingo es el día de reposo en nuestra fe cristiana. Lo llamamos «el día del SEÑOR». Vamos a la iglesia y a la escuela dominical y... eso es todo.

El resto del día hacemos prácticamente lo que queremos. Después de ir a la escuela o trabajar toda la semana, consideramos que el sábado y el domingo son nuestros días libres. Así que le damos a Dios más o menos las dos horas de tiempo en la iglesia y el resto del domingo es nuestro. Dios quiso que Su día fuera un tiempo para pasarlo pensando en Él, estudiando Su Palabra, compartiendo con Su pueblo y honrándolo a Él.

¿Cómo puedes hacerlo? ¿Puedes dedicar al menos un tiempo después de la iglesia haciendo algo con Él o para Él en Su día? Piénsalo. Haz una lista de actividades que podrías hacer e involucra también a tu familia y amigos.

Querido Dios:

Reconozco que no aparto mucho tiempo de Tu día para Ti. Dame ideas de cómo puedo honrar Tu día.

Amén

Honra a tu padre y a tu madre

«Oye, Dios: obviamente no conoces a mi papá o a mi mamá, de lo contrario nunca me pedirías eso». Claro que sí, Él te los dio. De acuerdo, ellos no son perfectos, pero tú tampoco. Dios te los entregó para enseñarte a vivir. Ellos te cuidan, proveen para ti, te aman y tratan de ayudarte a crecer para ser una joven productiva. Recuerda: puede que tampoco resulte siempre tan sencillo amarte y vivir contigo.

Dios quiere que honres a tus padres: eso significa respetarlos, no responderles mal, obedecer sus reglas, no hablar mal de ellos con tus amigas. De verdad. Eso hará que tu vida sea mucho mejor a largo plazo.

Querido Dios:

A veces mis padres me hacen enojar tanto... es que algunas de sus reglas parecen inútiles. Honrarlas no siempre me resulta sencillo, así que necesito que me ayudes a hacerlo.

Amén

No matarás

¿Estás pensando: «Bueno, me salvé con esta, nunca asesiné a nadie»? Bueno, no lo hagas. Observa este mandamiento con una mirada más amplia. Tal vez nunca le hayas apuntado con un arma a nadie ni le hayas quitado la vida, pero ¿qué me dices de matar el espíritu de alguien con palabras de enojo, hirientes o con una actitud rencorosa?

¿O qué pasa si destrozas la autoestima de alguien haciendo comentarios desagradables? El asesinato puede tomar muchas formas: piensa en la manera en que tratas a los demás, tanto frente a ellos como a sus espaldas, o en cómo te comunicas con tus padres, tus hermanos y hermanas. ¡Uf! Tal vez ya no te sientes tan inocente, ¿verdad?

Querido Dios:

De acuerdo. Si pienso en que puedo asesinar la autoimagen o el espíritu de alguien, ya no soy tan inocente. Y no quiero lastimar a nadie, por favor ayúdame a reflexionar acerca de la forma en que trato a los demás.

Amén

Sé fiel en el matrimonio

El versículo bíblico de hoy es el séptimo mandamiento de Dios. Cuando tu mamá y tu papá se casaron, hicieron una promesa de amarse pase lo que pase. No es el deseo de Dios que los matrimonios se separen o se divorcien, y esta ley es importante para mantener unidas a las familias.

Al ser jovencita, puedes aprender de esto: no cedas a la presión de grupo cuando tus amigos te alienten a hacer lo que sabes que está mal. Más bien, sigue las reglas de Dios.

Él las creó para tu beneficio. Aunque a veces puedas sentir que te estás perdiendo la «diversión», Dios nos dio Sus mandamientos para asegurarse de que vivamos vidas saludables y felices.

Querido Dios:

Por favor ayuda a los matrimonios a ser fieles entre sí, y por favor ayúdame a nunca ceder a la presión de grupo.

Amén

No robes

A veces puedes encontrarte frente a una gran tentación, ¿verdad? Te encuentras en una tienda llena de gente mirando anillos, aretes o alguna pulsera para una fiesta que tienes. Sería muy sencillo guardar alguno de estos accesorios en tu bolsillo. ¿Quién se daría cuenta? Te resulta hasta emocionante ver si puedes salirte con la tuya. Algunas personas incluso piensan que no son culpables de robar algo a menos que las atrapen. Dios piensa distinto.

Cuando tomas algo que no te pertenece, el dueño legítimo se siente herido por la pérdida. Robar en una tienda nos perjudica a todos a largo plazo porque los precios de los productos suben para pagar los artículos robados.

Seguro no quieres que nadie te robe a ti, así que no lo hagas tampoco. Este es el plan de Dios para vivir juntos en este mundo. No es una mala idea, ¿verdad?

Querido Dios:
Robar está muy mal. Por favor, ayúdame a no caer nunca en la tentación. Te doy gracias de antemano.

Amén

No mientas

Cuando dices algo malo sobre una amiga, la lastimas. Chismear, difundir rumores, criticar, todas esas actitudes duelen. Puedes disculparte un millón de veces, pero el daño ya está hecho, incluso si ella te perdona, porque la confianza se rompió. Le llevará mucho tiempo volver a confiar de verdad en tu amistad. Las palabras hirientes pesan como una manta gruesa sobre el corazón de una persona.

Ten cuidado con lo que hablas de los demás. Si tus amigas empiezan a difundir mentiras o medias verdades sobre alguien, ponle fin a eso. Tú puedes detener la cadena de chismes. Seguro no quieres que otros esparzan rumores o digan maldades sobre ti, así que no hagas lo mismo.

Dios mío:

Cuando mis amigas y yo nos reunimos a veces nos «divertimos» criticando a otra persona. Ayúdame a detener ese tipo de conversaciones... sin hacer enojar a mis amigas.

Amén

No codicies

«No codicies la casa de tu

ni ninguna otra cosa que le pertenezca».

Éxodo 20:17

Dios sabe que la codicia, que significa desear muchísimo algo que otra persona tiene, solo nos llevará a tener problemas.

Cuando no puedes dejar de pensar en ese objeto, comenzarás a desearlo cada vez más, y muy pronto tendrás envidia de su dueña. Luego, esa persona empezará a desagradarte. Puede que hasta acabes intentando robarle y lastimarla en el proceso.

Por eso, sé feliz con lo que tienes. Si hay algo más que quieres, consigue un trabajo, ahorra dinero y cómpratelo. Sencillo, ¿no?

Querido Dios:

Algunas de mis amigas tienen cosas mejores que yo, y me resulta difícil no desear tenerlas yo también. Pero ayúdame a alejarme de la codicia, porque no quiero que mis amistades se arruinen por causa de ella.

Amén

Obedece, ¿otra vez?

«¡Obedece!». ¿Te parece que eso es todo lo que oyes? ¿Piensas a veces que tus padres tienen un montón de reglas que están hechas solo para arruinar tu diversión? ¿Alguna vez sientes que ellos olvidan lo que se siente ser una chica? Puedes apostar a que no lo olvidan.

De hecho, probablemente pusieron esas reglas porque sí lo recuerdan. Ellos saben que la vida está llena de tentaciones. Ellos saben que a veces no ves el cuadro completo cuando tomas ciertas decisiones. Así que, hasta que no seas más madura y capaz de manejar algunas de las situaciones que la vida te presenta, tus padres te seguirán ayudando con estas reglas. Obedécelas sin enfurecerse por ellas, ya que son para tu propio bien.

Querido Dios:

Necesito que me ayudes con esto porque obedecer no es lo que mejor me sale hacer. Solo ayúdame a obedecer sin quejarme, ¡gracias!

Amén

Dignas de ser amadas

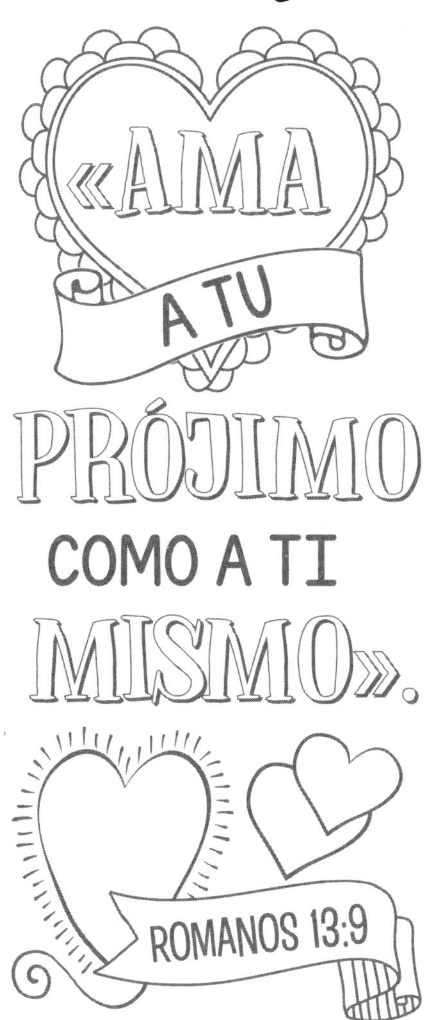

No hay manera de vivir una vida de obediencia a Dios si no amas a otras personas. Tampoco hay manera de elegir a qué personas amar y a cuáles no.

Dios dice que las amemos a todas. ¿Cómo amas a tu prójimo como a ti misma? Bueno, te cuidas: no esparces rumores acerca de ti, haces todo lo posible para ayudarte con los problemas y las tareas. Entonces simplemente haz eso mismo por tu prójimo.

Seguramente te preguntas: «¿quién es mi prójimo?». Jesús señaló que el próximo es cualquier persona con la que te encuentres y que tenga una necesidad, incluso si es un desconocido o alguien que es muy diferente a ti. Muéstrale amor a esa persona.

Querido Dios:

Me resulta sencillo amar a mis amigos y familiares, pero algunas personas no son muy amables. ¿Me ayudarías a amarlas? ¡Gracias!

Amén

14 DE ABRIL

Mensajes malos

«Bombardearte» es exactamente la palabra para describir lo que el mundo te está haciendo. Te está gritando cosas sobre lo que considera correcto: te grita que tener intimidad antes del matrimonio está bien (de hecho, es deseable). Por el contrario, Dios dice que no lo es.

El mundo dice que las drogas, el alcohol o el tabaco te hacen estar a la moda, pero Dios dice que no es así. El mundo juzga el éxito por lo mucho que posees, pero Dios no.

No te dejes atrapar por todos los mensajes del mundo. Préstale atención solo a Dios, obedécelo incluso cuando tu entorno te esté gritando algo diferente.

Querido Dios:

Esto es duro ahora y sé que se pondrá más difícil a medida que crezca. Te pido que me ayudes a prestarte atención solo a Ti y no a los mensajes que recibo a mi alrededor.

Amén

Es nuestro deber obedecer a DIOS antes que a los hombres.

Hechos 5:29 (DHH)

La obediencia da sus frutos

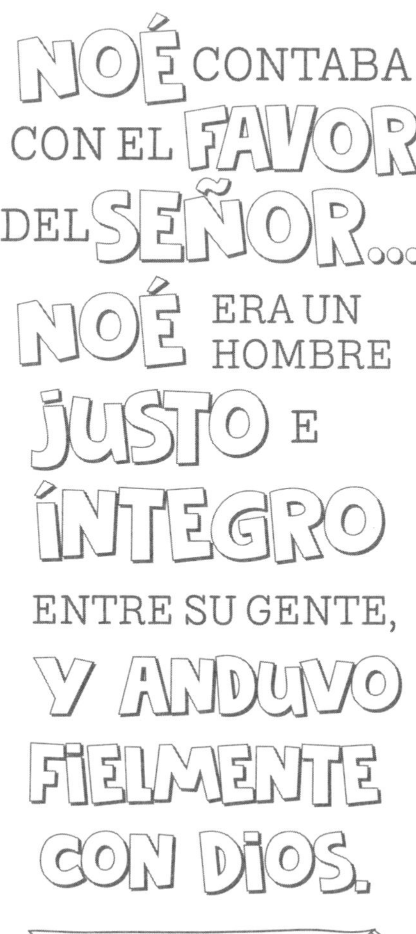

La obediencia da sus frutos. Seguro que así sucedió con Noé. Él vivió para Dios y le obedeció, y eso valió la pena cuando Dios se hartó de la forma en que los demás le desobedecían y decidió eliminarlos a todos al enviar un gran diluvio.

Noé obedeció a Dios, incluso cuando todos a su alrededor no lo hacían. Probablemente se burlaban de Noé por su estilo de vida. Pero él siguió obedeciendo. Dios salvó a Noé y a su familia y luego ellos tuvieron hijos para repoblar la tierra.

Entonces, Noé viene a ser tu tátara-tátara-tátara... ya entiendes la idea... abuelo. En fin, nunca pienses que tu obediencia pasa desapercibida: Dios presta atención a ese tipo de cosas.

Querido Dios:

¡Qué bueno saber que te das cuenta de que trato de vivir para Ti, incluso cuando todos a mi alrededor hacen lo contrario!

Amén

Obedecer es igual a amar

«¿Obedecer significa amar a mi hermano? Eso no parece justo. Ya me alcanza con obedecer todas las reglas que tengo, ¿ahora quieres que también ame a mi hermano? ¿Acaso lo conoces?».

Bueno, deja de quejarte, no tienes que hacer esto tú sola, Dios te ayudará. ¿Alguna vez le has pedido a Dios que te ayude a amar a alguien? ¿Alguien que no te parece digno de ser amado? No a ese chico apuesto que está en tu clase…

Mira, la cuestión es que la esencia de Dios se basa en el amor. Así que, si dices amar a Dios y ser su seguidora, tienes que amar a los demás.

Si hay alguien en tu entorno que te cuesta amar... ¡mejor corre a pedirle ayuda a Dios!

Querido Dios:

¡Ayúdame! Tú sabes en quién estoy pensando, ¡y necesito mucha ayuda de Tu parte para amar a esa persona!

Amén

Los que aman a Dios deben amar también a sus hermanos creyentes.

1 Juan 4:21

Equipo de protección

Es un día frío de invierno, el viento está aullando y hay escarchas de nieve duras y afiladas que vuelan por el aire, picándote la cara y quitándote la vista. Tienes que caminar hasta la escuela, así que te pusiste un abrigo grueso de invierno, gorro, guantes y una bufanda envuelta alrededor de tu cara para que no se vea nada más que las pequeñas rendijas de tus ojos: estás protegida contra el clima hostil.

Para vivir una vida de obediencia a Dios, necesitas ponerte la protección adecuada contra los ataques de Satanás. Debes vestirte del Señor Jesucristo: conocerlo, leer sobre Él en la Biblia, hablar con Él todos los días tratar de imitar Su vida en tu andar. Eso te protegerá contra Satanás. ¡Vístete completa de Jesús!

Querido Dios:

Gracias por recordarme que me proteja contra Satanás. ¡Ayúdame a «vestirme de Jesús» todos los días!

Amén

El estilo de Dios

¿Te gusta usar ropa de colores brillantes? Tal vez seas más del tipo de chica que prefiere los colores suaves. Quizás solo uses jeans azules y una gorra de béisbol. Cualquiera que sea tu gusto, probablemente tengas un cierto *look* que intentas mantener. Todo tu guardarropa tiene esa «onda» y eso determina tu estilo.

Una hija de Dios que vive una vida obediente también tiene un *look*: se viste de compasión, bondad, humildad, gentileza y paciencia y todos a su alrededor se darán cuenta. Estas características a veces pueden distinguirte de otras personas, y eso es bueno.

Acuérdate de usar estas prendas en tu actitud cada día, porque demostrará que eres una hija de Dios.

Querido Dios:

Algunas de estas enseñanzas son un poco difíciles para mí. Por favor, lléname de Tu amor para poder estar vestida de estas actitudes todo el tiempo.

Amén

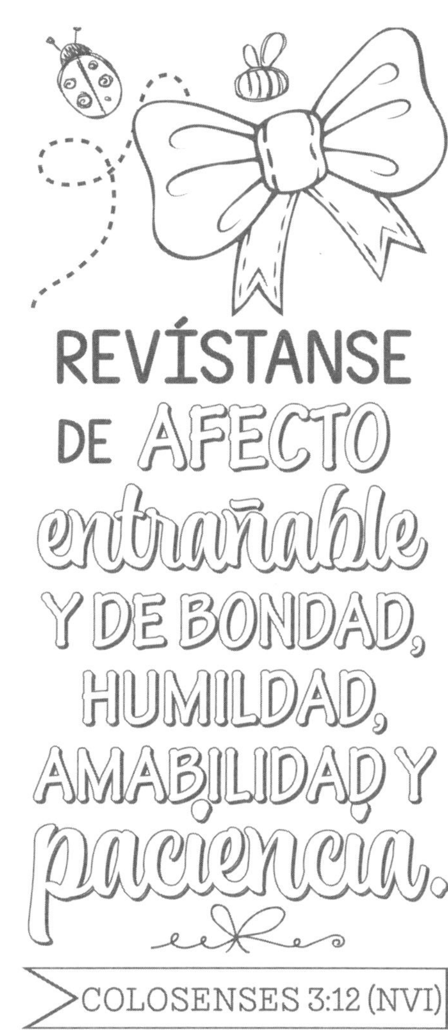

Sé humilde

Las personas que se exaltan a sí mismas mientras desprecian a los demás están desobedeciendo a Dios. Si una persona tiene que andar haciendo alarde por ahí de lo buena, inteligente, talentosa y especial que es... entonces lo más probable es que no tenga ninguna de esas cualidades.

Las personas humildes son las favoritas de Dios, porque la humildad muestra sensibilidad y bondad hacia los demás. La humildad se centra en los demás en lugar de en uno mismo.

Recuerda que todos los talentos o habilidades que tienes te los dio Dios. No hiciste nada para obtenerlos, así que no tienes de qué enorgullecerte. Mantén tus ojos primero en Dios, luego concéntrate en los demás, y ponte a ti misma en último lugar.

Querido Dios:

Realmente quiero agradarte y te pido que me ayudes a obedecer este mandamiento de ser humilde. No puedo hacerlo yo sola.

Amén

Confía y obedece

¿En quién confías? ¿Confías lo suficiente en alguien como para seguirlo en un bosque oscuro, o como para dejar que tome decisiones por ti? Es imposible obedecer a alguien en quien no confías. No puedes entregar tu vida para obedecer a alguien, ni siquiera a Dios, si no confías en que a Él le interesa lo mejor para ti.

Una vez que creas que Dios se preocupa por ti y quiere que seas feliz, te vaya bien y tengas una fe que crece, entonces será más fácil encomendarle tus caminos. Eso significa buscar Su guía en tus decisiones y en la elección de tus amigas, actividades e, incluso, tu futuro.

Querido Dios:

Te pido que me ayudes a confiar más en Ti y a pedir Tu guía en todos los aspectos de mi vida.

Amén

ENCOMIENDA AL SEÑOR TU CAMINO; CONFÍA EN ÉL y él actuará. HARÁ QUE TU JUSTICIA RESPLANDEZCA como EL ALBA.

SALMOS 37:5-6 (NVI)

Buena comunicación

COLOSENSES 4:2

¿Tienes una mejor amiga? ¿Qué le sucede a esa amistad si no le hablas durante mucho tiempo? Los malentendidos y los sentimientos heridos se infiltran, ¿no es así?

Es difícil mantener una amistad si no te comunicas con frecuencia. Esa es una de las razones por las que Dios nos ordenó que nos dediquemos a la oración.

Cuanto más nos comuniquemos con Dios, más cerca de Él estaremos. Recuerda que orar no es solo decirle a Dios lo que quieres que haga o pedirle cosas. A veces, orar significa simplemente estar quieta y escucharlo hablar en tu corazón.

Querido Dios:

Quiero conocerte cada vez más. Quedarme quieta no me resulta fácil, pero si me ayudas podré lograrlo. Quiero escuchar lo que tienes que decirme.

Amén

Todo o nada

La idea clave aquí es «de todo corazón». Todo lo que hagas a medias va a fracasar.

Si inviertes solo una parte de tu energía en escribir un trabajo para la escuela, no quedará tan bueno como podría ser. Si practicas el piano a medias, bueno, sonará así. Servir a Dios no se puede hacer simplemente a medias.

Dios quiere... y exige... todo tu corazón porque no hay espacio en tu corazón para Dios y algo más.

Querido Dios:

Sé que no estoy dispuesta a servirte con todo el corazón porque también hago espacio para mis amigos y las actividades que me gusta hacer. Pero a partir de ahora quiero estar completamente disponible para servirte. Por favor, te pido que me ayudes.

Amén

Reconoce al DIOS de tu padre y sírvele de todo corazón y con buena disposición, pues el SEÑOR escudriña todo CORAZÓN y discierne todo pensamiento.

I CRÓNICAS 28:9 (NVI)

Palabras positivas

¿Alguna vez has estado en la costa cuando la marea está baja? La playa es grande y ancha... hasta que las olas regresan.

A veces, los sucesos en la vida parecen ir y venir en oleadas. Puedes atravesar un período de tiempo en el que todo va mal y de repente, sin razón aparente, las cosas empiezan a ir bien. En los momentos incorrectos, nada de lo que haces parece salir como lo planeaste.

Es ahí cuando necesitas aliento. Te conforta saber que alguien se preocupa por lo que estás pasando. A veces necesitas que te animen y otras veces necesitas dar aliento a otros. Presta atención a las personas que te rodean y obedece a Dios siendo alguien que incentiva a otros.

Querido Dios:

Te pido que me ayudes a darme cuenta de cómo se sienten mis amigos y familiares. Dame las palabras y la actitud correctas para ser alguien que los aliente.

Amén

No huyas

Observa un árbol pequeño cuando el viento sopla muy fuerte. ¿Ves cómo se dobla bajo la fuerza del viento que arremete contra Él? El árbol joven se puede arquear casi al doble, pero no se rompe ni se lo lleva el viento. Es inquebrantable y hasta se fortalece con ese ejercicio de hacerle frente al viento y doblarse.

¡Permanece firme! Obedecer a Dios significa resistir incluso cuando no ves cómo Dios puede salvarte o protegerte de alguna adversidad que estés enfrentando.

Este versículo de Éxodo es lo que Moisés le ordenó a los israelitas justo antes de que Dios dividiera las aguas del mar Rojo para salvarlos. Nunca sabes lo que Dios va a hacer por ti, así que... ¡Permanece firme!

Querido Dios:

Vaya, se necesita mucha fe para resistir, pero yo quiero hacerlo. Ayúdame a obedecerte al mantenerme firme.

Amén

¡Escucha!

¡La mejor parte de una galleta rellena está justo en el medio! La parte más importante de este versículo también. ¡Quédate en silencio y escucha! Eso es porque sabes que debes amar a Dios y que debes aferrarte a Él aunque no siempre sepas cómo hacerlo. Pero estar en silencio para poder escucharlo a veces es difícil.

En este mundo ruidoso y ajetreado, no es sencillo obligarte a permanecer sentada durante quince o treinta minutos y simplemente estar en silencio, sin hablar, sin música ni nada. Pero si no lo haces, ¿cómo puedes escuchar a Dios cuando te hable? Él no luchará contra el ruido, pues quiere que hagas el esfuerzo de estar en quietud.

Elige un versículo de la Biblia, quédate tranquila, piensa en él y escucha a Dios hablar.

Querido Dios:

Por favor, ayúdame y enséñame a estar quieta. Quiero oír tu voz.

Amén

Camina en amor

Cuando te levantas de la cama por la mañana, ¿tienes que detenerte a pensar: «Pie derecho abajo, pie izquierdo abajo; pie derecho adelante, pie izquierdo adelante...»?

No, caminar es algo natural y lo haces de manera automática. Tal vez ese sea el punto de este versículo: caminar en amor es igual a amar sin tener que pensar antes de hacerlo.

Cuando tengas un conflicto con alguien, resuélvelo de inmediato, y en amor.

Cuando conozcas a alguien que no te agrada mucho, busca virtudes que puedas apreciar de él o de ella. Anda en amor, dondequiera que camines o vayas, sé llena de Su amor.

Querido Dios:

Caminar en amor suena sencillo, pero no siempre lo es. Supongo que por eso dejaste este mandamiento. Por favor, ayúdame a andar en amor.

Amén

Obediencia activa

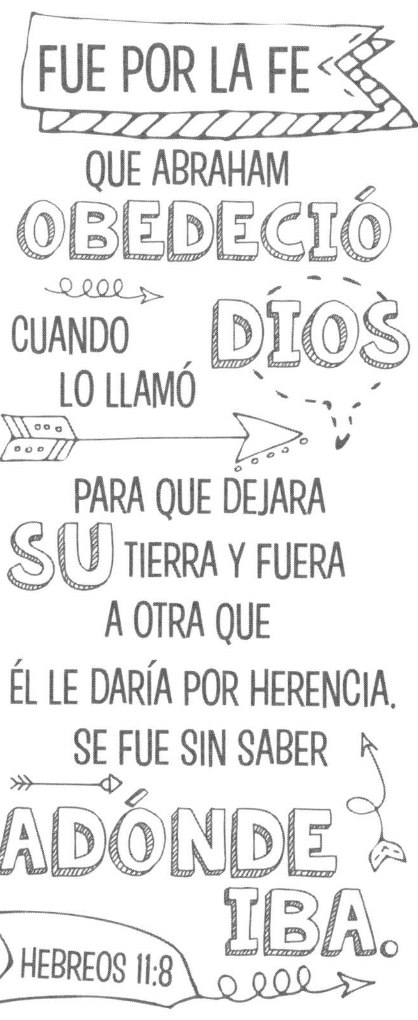

Una gimnasta hace trucos asombrosos en las barras asimétricas. Después, para su salida o descenso, se balancea en el aire, gira y da volteretas y luego aterriza a ciegas: no puede ver el piso hasta que sus pies finalmente lo tocan.

Abraham aterrizó a ciegas cuando Dios le ordenó que empacara todo y comenzara su viaje. Se llevó a su familia, sus sirvientes, sus animales y sus pertenencias… pero Dios no le indicó a Abraham a dónde iría. Él obedeció porque confiaba en Dios, sabiendo que Él dirigiría su camino. ¡Uf! ¡Eso es obediencia!

Ya es bastante difícil obedecer a Dios cuando puedes ver hacia dónde te está guiando, ¿pero puedes confiar en Él lo suficiente como para aterrizar a ciegas? Debes recordar que nada resulta desconocido para Dios, sino que sabe exactamente hacia dónde vas.

Querido Dios:
Te pido que me ayudes a confiar en Ti tanto como lo hizo Abraham. ¡Quiero ser así de obediente!

Amén

Palabras pacíficas

Un pequeño hilo de agua que corre por una roca parece bastante inofensivo, ¿verdad? Sí, pero si ese hilo corre constantemente día tras día tras día, muy pronto ese flujo constante habrá creado un Gran Cañón en la roca.

Así es como los chismes pueden romper la unidad de la familia de Dios. Solo una palabra aquí o un comentario allá y en poco tiempo la roca se quiebra. Dios nos ordena que no permitamos que eso suceda. Esfuérzate por mantener la unidad y la paz en la familia de Dios.

Obedecer este mandato de Dios significa tener cuidado con cada comentario innecesario que te sientas tentada a hacer, aún si fuera gracioso. Si rompe la unidad, no lo hagas.

ESFUÉRCENSE POR MANTENER LA UNIDAD DEL ESPÍRITU MEDIANTE EL VÍNCULO DE LA PAZ.

EFESIOS 4:3 (NVI)

Querido Dios:

Me gusta hacer reír a mis amigos, pero no quiero desobedecerte. Te pido que me ayudes a tener cuidado con lo que digo para que nadie resulte herido por mis palabras.

Amén

El lugar más seguro

Ananías dijo: «Señor, muchos me han hablado de ese hombre y de todos los males que ha causado en Jerusalén a

Pero el SEÑOR le dijo: «VE».

Hechos 9:13, 15 (DHH)

¿Te enviaría Dios a una situación peligrosa? Si algo que Él pidió que hagas te asustó mucho, ¿será que querría que lo hicieras de todos modos? Sí, porque Dios tiene un panorama mucho más amplio que tú.

En esta historia de Hechos 9, Dios le ordenó a Ananías que fuera a hablar con Saulo. Todos los judíos conocían a Saulo, él los torturaba y perseguía para que negaran a Jesús. Ananías estaba súper asustado, pero Dios le ordenó: «Ve», porque sabía que Saulo había cambiado y ahora era un seguidor de Cristo. El lugar más seguro para estar es aquel donde obedeces a Dios.

Querido Dios:

Sé que algunas personas llegan a morir por obedecerte, pero eso solo significa que están contigo más pronto, ¡y eso es algo bueno! Ayúdame a ser lo suficientemente valiente para obedecerte, sin importar lo que me pidas.

Amén

Alabanza constante

¿Te resulta un poco extraño que se nos ordene alabar a Dios? Bueno, a veces las personas se enredan tanto en sus problemas que olvidan de lo grande que es Dios. Todo lo que ven son las imperfecciones en sus vidas y olvidan que Sus obras son perfectas.

Deja de «mirarte el ombligo», enfocarte en tus problemas, y piensa en Dios. Recuerda los relatos de la Biblia que cuentan cómo Él cuidó de Su pueblo y las formas en que Él te cuida a ti.

Piensa en Su creación: desde una pequeña flor hasta las montañas, los cañones y los océanos. Dios es asombroso. ¡Recuerda alabarlo por Sus obras perfectas y Sus caminos rectos!

Querido Dios:

Te agradezco por mi familia, mis amigos, por los caballos y mis mascotas. Gracias también por las montañas y los océanos, los amaneceres y los atardeceres, por los arcoíris y las nubes de tormenta. ¡Simplemente te doy gracias!

Amén

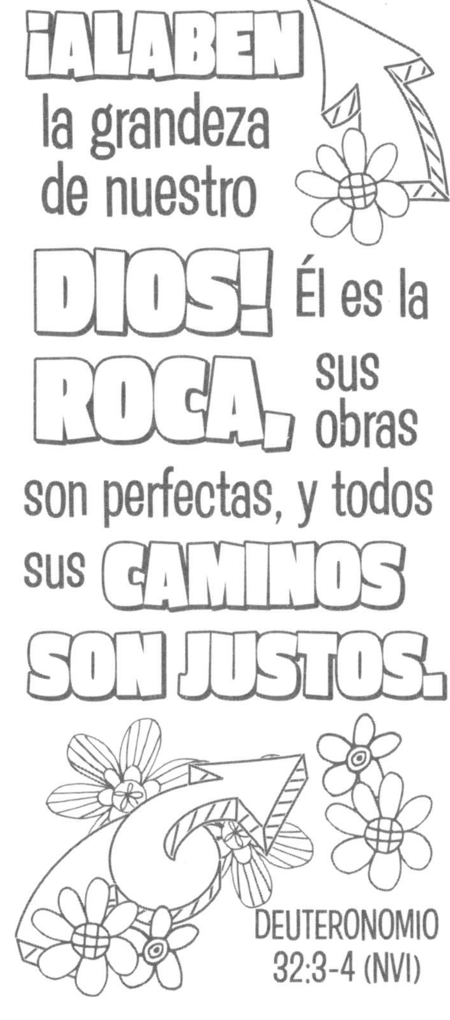

Mayo
Combatiendo la tentación

Él también estuvo allí

¿Alguna vez le gritaste a tu mamá: «¡Es que tú no me entiendes!»? La mayoría de las niñas lo hacen en algún momento de sus vidas. Bueno, eso es algo que nunca puedes decirle a Jesús. Él s comprende lo que se siente ser tentado, ¡porque también le pasó!

Ahora, tú debes entender que Jesús es e Hijo de Dios: no tenía por qué dejar el cielo perfecto y venir a vivir aquí entre personas imperfectas, pero lo hizo. Por lo tanto, definitivamente Él no tenía por qué experimenta las fuertes tentaciones de Satanás, pero lo hizo, para poder comprender lo que atravesamos cuando nosotros somos tentados. Entonces, cuando la tentación esté a punto de arrancarte el corazón, recuerda pedirle a Jesús fuerza y ayuda. Sabes que É te entenderá; después de todo, Él también estuvo allí.

Querido Dios:

Me ayuda saber que Jesús realmente comprende cómo se siente la tentación. ¡Te pido que me ayudes a luchar contra ella, tal como lo hizo Jesús!

Amén

Dios te ayudará

Estira lentamente una banda elástica... Tira cada vez más fuerte... Si sigues tirando, eventualmente se romperá. La habrás estirado más allá de sus límites.

Quizás te sientas así algunas veces, como si las tentaciones de la vida fueran demasiado: tus amigos intentan hacerte beber, fumar o robar en alguna tienda. O tal vez las tentaciones sean más del tipo «socialmente aceptable»: como chismear o destruir la reputación de alguien. Sea lo que sea, la insistencia de la tentación puede estirarte tanto que sientas que te vas a quebrar. En esos momentos, clama a Dios: Él prometió que no dejará que seas tentada más allá de lo que puedes soportar.

Pídele ayuda y *Él* te *dará* una salida, te lo prometió.

Querido Dios:

A veces me siento tentada a rendirme porque me resulta tan difícil seguir luchando. Te pido que me ayudes, por favor.

Amén

DIOS ES FIEL; no permitirá que la tentación sea mayor de lo que puedan soportar. CUANDO SEAN TENTADOS, ÉL LES MOSTRARÁ UNA SALIDA, PARA QUE PUEDAN RESISTIR.

1 Corintios 10:13

¡Refuerzos!

A veces, en los programas policiales de la TV, oirás a uno de los policías pedir refuerzos cuando los malos comienzan a salirse de control.

Este versículo es tu llamado de refuerzo. Dios está listo y dispuesto a ayudarte a rechazar cualquier tentación que siga apareciendo frente a ti, solo clama a Él.

Dios promete fortalecerte y ayudarte. Satanás es demasiado poderoso para que lo enfrentes sola, así que no tendrías ninguna oportunidad de vencerle por tu cuenta.

Clama a Dios para que te ayude a luchar contra cualquier dardo que Satanás te lance.

Querido Dios:

Realmente necesito que me ayudes. Estoy cansada de siempre tratar de ser fuerte. Fortaléceme con Tu poder para poder vencer las tentaciones de una vez por todas.

Amén

Vestida para la batalla

Un atleta no asciende a las ligas profesionales sin antes haber trabajado duro para alcanzar las ligas menores. Un cantante no debuta en un escenario de Broadway. Un soldado no entra a la batalla sin su arma y su casco. Así que tú también debes estar preparada para lo que está frente a ti.

Lo mismo ocurre en tu vida espiritual: hay una batalla en marcha y Satanás está tratando de derribarte. Te está lanzando tentación tras tentación, está buscando desanimarte y destruir tu autoestima. La única esperanza que tienes de pelear contra él es usando la armadura de Dios: el cinturón de la verdad, la coraza de justicia, el escudo de la fe y el casco de salvación. ¡Ponte la armadura y entra en la batalla! No puedes perder teniendo a Dios de tu lado.

Querido Dios:

Tengo puesta Tu armadura, ¡así que no puedo perder porque Tú estás de mi lado!

Amén

POR LO TANTO, PÓNGANSE TODA LA ARMADURA DE DIOS, PARA QUE CUANDO LLEGUE EL DÍA MALO PUEDAN RESISTIR HASTA EL FIN CON FIRMEZA.

Efesios 6:13 (NVI)

¿Eres lo suficientemente fuerte?

Crees que eres fuerte, ¿verdad? ¿Crees que puedes conquistar el mundo? Bueno, aquí tienes una noticia de último momento: no eres tan fuerte como crees; a veces tropezarás y caerás. Los humanos somos imperfectos. Y no importa cuánto te esfuerces, de vez en cuando cederás a la tentación.

Ocasionalmente perderás los estribos, harás un poco de trampa, dirás una mentira... caerás en algo. La buena noticia es que puedes recurrir a Dios cuando eso suceda, confesar lo que has hecho, pedirle perdón y empezar de nuevo.

Dios es tu fortaleza para siempre. Él te ama y quiere ayudarte a ser fuerte, así que sigue recurriendo a Él, incluso luego de haberle fallado. Siempre está esperando que vuelvas a Él.

Querido Dios:

Te doy gracias por no darte por vencido conmigo. Gracias por ser mi fortaleza y por querer ayudarme.

Amén

Dios es grande

Estas palabras de 1 Samuel fueron pronunciadas por David, un jovencito. Se las dijo a Goliat, un soldado experimentado de nueve pies de altura. David enfrentó a Goliat con solo una honda y algunas piedras, seguramente habrá estado temblando en sus sandalias.

No había razón en la tierra para que David lograra derrotar al gigante. Sin embargo, había un motivo en el cielo: Dios estaba peleando con él y ningún gigante con lanza y espada tenía alguna oportunidad de vencerle a Dios.

Sea lo que sea que estés enfrentando (problemas con tus padres, tus amigos, tus calificaciones, las malas decisiones que hayas tomado), nada de eso es demasiado gigante para Dios, ¡ponlo a prueba!

Querido Dios:

A veces pienso que he metido tanto la pata en mi vida que ya no se puede arreglar. Te agradezco por recordarme que nada es demasiado grande para Ti.

Amén

La inversión de Dios

Realmente querías esa linda prenda de vestir de aquella tienda excesivamente cara. Tu mamá te dijo: «Si lo quieres, ahorra el dinero y cómpralo tú misma», y lo hiciste. Esa vestimenta representa horas de trabajo cuidando niños con mocos. Entonces, ¿la tirarías al piso y le echarías tus zapatillas de fútbol embarradas encima?

Con suerte, tu inversión de tiempo y energía significa que cuidas esa prenda mucho mejor que haciendo eso.

Dios invirtió en ti: envió a Su Hijo, Jesús, a vivir, morir y resucitar. Sí, lo hizo por ti, y tiene sentido porque significa que Él estará allí cuando necesites Su ayuda. Él no entregaría tanto de Sí para luego simplemente darse la vuelta y alejarse.

Querido Dios:

Nunca pensé que Tu amor fuera como una inversión en mí, te doy gracias por eso. Sé que estarás aquí para ayudarme, pase lo que pase.

Amén

En tu defensa

Los abogados defensores defienden el caso de su cliente ante un juez y un jurado. El abogado señala las buenas cualidades del acusado, expone su inocencia y pide que se le dé otra oportunidad.

Eso es lo que Jesús hace por ti: sabiendo que a veces pecarás, Jesús alienta a Dios a que te perdone y te dé otra oportunidad. ¿Ves el sistema que Dios ha establecido? Él te ama tanto que no solo murió por ti, sino que ahora defiende tu caso ante Dios.

Tienes que saber que eso significa amor, así que, por encima de todo, ¡Dios quiere ayudarte y fortalecerte!

Querido Dios:

¡Guau, debes amarme tanto! Te pido perdón por no confiar tanto en Ti. Te pido que me enseñes a recurrir a Ti para recibir ayuda y fortaleza.

Amén

Ondas sonoras estridentes

EN MI ANGUSTIA INVOQUÉ AL SEÑOR; CLAMÉ A MI DIOS POR AYUDA. ÉL ME ESCUCHÓ DESDE SU TEMPLO; ¡MI CLAMOR LLEGÓ A SUS OÍDOS!

SALMOS 18:6 (NVI)

Imagínate que estás en un concierto repleto de gente: el auditorio está lleno de fanáticos que gritan y chillan. La música resuena, pero el público es tan estridente que apenas se oye. Estás con una amiga de pie junto a ti, y todos tus esfuerzos por hablar con ella se pierden en el ruido de la multitud. Ella no puede escuchar ni una palabra de lo que dices.

¿Sientes a veces que Dios no puede escuchar tu voz? Tal vez piensas que Él está demasiado lejos o que está ocupado escuchando las oraciones de otras personas. En pocas palabras, sientes que no te escucha. Los salmos están llenos de recordatorios de que cuando clamamos a Dios por ayuda, sí nos escucha. De hecho, también le importas, Él te responderá.

Querido Dios:

Decido creer que escuchas mis oraciones y que las responderás. Por favor, ayúdame a aceptar esta verdad cada vez más.

Amén

10 DE MAYO

¡Él lo sabe!

Antes de que pronuncies alguna palabra, antes de que sepas lo que tú misma necesitas, ¡Dios ya lo sabe! ¿Ya ves? Él puede ver el cuadro completo, no solo lo que te está sucediendo ahora mismo. También se anticipa a lo que traerá el mañana y cómo las circunstancias de hoy te fortalecerán para lo próximo que tendrás que enfrentar.

Dios comprende cómo todo encaja en su lugar y reconoce cuándo vas a necesitar fuerza o alegría extra. Él percibe cuándo necesitarás paciencia o amor y sabe cómo tratarte, con firmeza o delicadeza. Él lo sabe todo. Confía en Él, y pídele que te renueve Su ayuda cada día.

Querido Dios:

Esto es increíble, ¡Tú sabes lo que necesito incluso antes de que yo lo sepa! ¡Estoy tan feliz de que Tú tengas el control y no yo! Te pido que me ayudes todos los días.

Amén

«Tu Padre sabe exactamente lo que necesitas, incluso antes de que se lo pidas».

Mateo 6:8

El día más largo

El SOL se detuvo en medio del CIELO Y no se movió de allí por casi un DÍA entero. Nunca antes ni después ha habido un día como aquel.

Josué 10:13-4 (NVI)

Josué y los israelitas estaban peleando contra sus enemigos. En aquellos días, cuando se ponía el sol, la batalla había terminado porque los soldados no podían ver para pelear. Josué sabía que, si podían seguir peleando, sus hombres ganarían. Entonces, le pidió a Dios que evitara que el sol se pusiera para que pudieran seguir luchando. ¡Y Dios lo hizo! El sol, la luna y las estrellas oyeron a Dios; después de todo, Él los creó. Dios impidió que el sol se pusiera para que el ejército de Josué ganara la batalla.

Piensa en esto: es el mismo Dios que escucha tus oraciones y pelea por ti. Camina cerca de Él, obedécele, ¡y pídele lo que necesitas!

Querido Dios:

Estoy asombrada: ¿realmente hiciste que el sol se detuviera? Tienes más poder que nadie... ¡y me amas! ¡Eres increíble!

Amén

Palabras poderosas

Las palabras son palabras. Lo que hace la diferencia es *quién* las pronuncia. Dios habló y creó el mundo: lo podemos ver en el primer capítulo de Génesis, que está lleno de «Y dijo Dios...». Solo con Sus palabras Él estaba ocupado creando el mundo y todo lo que había en él. ¡Qué poder tan asombroso tiene Dios! No se compara con nada en el universo; nada de lo creado puede ser más poderoso que el Creador mismo.

Un pequeño poema que los niños a veces aprenden en la escuela dominical dice: «Mi Dios es tan grande, tan fuerte y poderoso, ¡no hay nada que no pueda hacer!». ¡Tenlo presente cuando pienses que tus problemas pueden ser demasiado grandes incluso para Dios!

Querido Dios:

¡Tus palabras tienen tanto poder! No hay nada que no puedas hacer. ¡Qué Dios tan maravilloso eres!

Amén

13 DE MAYO

Importante para Él

¿A veces te sientes como un mosquito en el lomo de un elefante, o solo una diminuta molécula en el conjunto de la tierra y de los millones de personas que la habitan? ¿Por qué a Dios deberían importarle tus pequeños problemas? Después de todo, no son nada comparados con la gente que se muere de hambre o los niños que mueren de SIDA. Probablemente tú eres solo una chica común y corriente con problemas normales.

Eso no importa, porque Dios te ama. Si Él cuida de cada una de las aves y se asegura de que tengan comida y agua, ¿no crees que también cuidará de ti, Su hija? A Él le importa lo que a ti te preocupa, así que habla con Él y dale la oportunidad de que te ayude.

Querido Dios:

Nunca había pensado que Tú cuidas de todos los pájaros y los animales que hay. Supongo que eso demuestra que quieres cuidar de mí también. ¡Te doy gracias por eso!

Amén

Blanco y negro

Bueno, a veces no todo en la vida es blanco y negro. Algunas decisiones son como grises. Es difícil reconocer si algunas cosas son correctas o incorrectas. Tú sabes que no hay ningún versículo en la Biblia que diga: «No harás... lo que sea». Entonces, ¿cómo puedes saber si esta es una tentación que Satanás te está presentando o si es solo una nueva experiencia?

Pues pregúntale a Dios. Si le pides que te haga distinguir lo correcto de lo incorrecto, te responderá. ¡Y no te hará sentir mal por pedírselo! Aunque no lo creas, Él quiere que tengas éxito en la vida. No es que intenta hacerte tropezar o engañarte para que tomes malas decisiones. Así que, ¡pídele sabiduría!

Querido Dios:

Sí, algunas decisiones no son sencillas. Por favor, ayúdame a diferenciar lo correcto de lo incorrecto. ¡Te doy gracias de antemano por esto!

Amén

Agárrate fuerte

¿Qué desayunas cada día? Ya sabes que los expertos dicen que el desayuno es la comida más importante del día. Ese alimento te ayuda a almacenar energía para que puedas pasar el resto del día.

¿De dónde obtienes la energía espiritual para seguir adelante? La consigues poniendo tu esperanza y confianza en el Señor. Él te da la fuerza y el poder para sobrevolar la vida sin volver a cansarte espiritualmente.

Sigue apoyándote en Él, aférrate fuertemente y Él te ayudará a superar lo que sea que traiga la vida.

Querido Dios:

Intento aguantar en las dificultades de la vida, pero mis fuerzas se debilitan. ¿Podrías aferrarte a mí, por favor? ¡Gracias!

Amén

Segundas oportunidades

¡Ay, el famoso Jonás! Dios le dio una tarea sencilla, y Jonás se negó y se escondió de Dios. Pero Él no se dejó engañar en absoluto y Jonás terminó en el estómago de un gran pez, aunque no llegó a ser el almuerzo de ese «hotel subacuático».

Jonás pasó tres días allí dentro y pudo reflexionar acerca de su mala decisión. Por supuesto, luego recapacitó, rogó a Dios que lo salvara y Dios lo hizo. Así que el pez vomitó a Jonás y él pudo regresar a los asuntos de Dios.

¿Ya ves? No importa dónde estés o lo que hayas hecho, aún puedes clamar a Dios por ayuda. Te puede oír desde cualquier lugar y te perdonará cuando te equivoques en alguna decisión. Entonces, ¿qué estás esperando?

Querido Dios:

Por favor, perdóname por mis malas decisiones, necesito hacerlo mejor. ¡Te pido que me des fuerzas!

Amén

¡No temas!

Algunas personas nunca aprenden. El versículo de hoy contiene las palabras que Moisés dijo a los israelitas cuando eran demasiado cobardes para entrar en la tierra prometida por Dios.

Se quejaban de que había gigantes y que las ciudades estaban amuralladas. El pueblo se olvidó de todos los milagros que Dios ya había hecho para protegerlos, incluso de cuando abrió las aguas del mar Rojo. Dios peleaba para salvar a Su pueblo.

¡Y Dios peleará por ti también! Eres Su hija y Él cuida de ti. No importa los problemas que tengas o que estés enfrentando, recuerda que no tienes por qué tener miedo. No temas, porque Dios pelea por ti.

Querido Dios:

Reconozco que a veces tengo miedo. Cuando me vuelva a pasar, recuérdame que Tú estás luchando por mí.

Amén

De valor incalculable

El amor suele definirse como la búsqueda del mayor bien para el objeto (persona) de tus afectos. Dios te ama: sin importar lo que suceda, Él te ama. Su amor es el motor para ayudarte a convertirte en tu mejor versión como persona. Él te protegerá y te fortalecerá gracias a ese amor que tiene por ti.

Tanto las personas importantes y poderosas como los niños pequeños pueden refugiarse a la sombra de Sus alas. El solo hecho de estar bajo Su sombra implica un lugar de seguridad y protección para ti.

Entonces, cada vez que tengas miedo, cada vez que necesites ayuda, recurre a Dios. Él te ama y está esperando para demostrártelo.

Querido Dios:

Me asombro cada vez que pienso que me amas. Te doy gracias por mostrarme Tu amor al darme fuerzas y ayudarme en la vida.

Amén

La batalla continúa

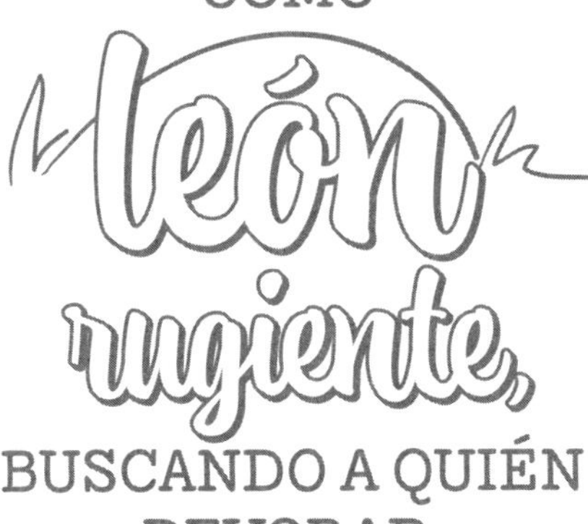

¿Sabías que tienes un enemigo? No importa qué tan linda, buena o amable seas con todos. De hecho, esas cualidades y actitudes probablemente enojen aún más a tu enemigo: el diablo quiere evitar a toda costa que reflejes el amor y el poder de Dios. Así que anda merodeando como un bicho rastrero buscando formas de hacerte tropezar y hacerte cuestionar tu propia fe.

No puedes enfrentarte a él por tu cuenta, simplemente no puedes porque es demasiado astuto y tramposo y nunca se rinde. La buena noticia es que no tienes que pelear contra él tú sola: Dios está ahí para ayudarte, así que pídele la fuerza y sabiduría que necesitas para luchar contra tu enemigo. ¡Dios quiere que ganes, y Él te ayudará!

Querido Dios:

Confieso que me da un poco de miedo pensar que el diablo está tratando de atraparme. Necesito Tu fuerza todos los días para resistirlo. Te pido ayuda con eso, por favor.

Amén

Jamás te abandonaré

¡Qué consuelo saber que nunca te encontrarás sola en la batalla! Dios no se ha apartado de ti para ocuparse de alguien más, sino que siempre está contigo.

No hay nadie más importante para Él que tú. Él conoce las tentaciones que enfrentas todos los días, y sabe cuándo el diablo está tratando de derribarte. No pasas desapercibida para Dios cuando te encuentras triste y desanimada: Él está contigo en esos momentos. Aun cuando no puedes «sentir» a Dios, Él está presente.

Entonces, ¿qué significa eso para ti? Significa que puedes pedirle Su ayuda y fortaleza y Él te responderá. Él está justo a tu lado, e incluso en esos momentos en los que te sientes demasiado molesta o decaída hasta para orar, Él sabe lo que necesitas.

Querido Dios:

Te doy gracias porque nunca me abandonarás y me ayudarás cada día a vivir para Ti.

Amén

Cerca de Dios

¿Qué quieres pedirle a Dios? ¿Hay algo que tienes mucho miedo de pedirle? ¿Te parece una petición tonta o tal vez demasiado atrevida? Pon el fundamento correcto aquí: permanece en Él.

Eso significa quedarse cerca de Dios, pasando tiempo juntos todos los días y hablando con Él. Cuando haces eso, comienzas a pensar más como Él y a desear lo que Él desea, lo que significa que tus peticiones se convertirán en motivos que Él ya sabe que son los indicados para ti. Entonces puedes pedirle lo que sea que tengas en mente, y Él te responderá.

Querido Dios:

La mayoría de las veces solo te pido cosas, pero me gustaría llegar al punto en el que piense como Tú. Entonces, cuando ore, reconoceré que estoy orando en la dirección que Tú me indicas.

Amén

Nada es demasiado difícil

Por supuesto, tu respuesta inmediata a la pregunta del versículo seguro es: «¡No, nada es demasiado difícil para el Señor!». Después de todo, sabes que Dios creó el universo, leíste las historias de cómo dividió el mar Rojo e hizo que el sol se detuviera, y escuchaste acerca de cómo derribó los muros de Jericó. Ya sabes todo al respecto.

Entonces, si sabes lo fuerte y poderoso que es Dios, ¿por qué no confías en que Él te auxiliará en todo momento?

Si Dios puede abrir el mar Rojo, puede lidiar con tus compañeros de clase que te hacen *bullying*. Si Dios pudo hacer que el sol se detuviera, también puede ocuparse de las tentaciones que tienes. Nada es demasiado difícil para Él, incluso las adversidades que se te presenten.

Querido Dios:

Supongo que no me había dado cuenta de que estuve evitando pedirte ayuda porque quizás pensaba que los obstáculos en mi vida eran demasiado difíciles para Ti. Me arrepiento de eso, por favor, perdóname.

Amén

Crecimiento y aprendizaje

La vida es un proceso de aprendizaje: los bebés no pueden hablar ni caminar cuando nacen, los niños necesitan aprender a leer y escribir, y también crecer un poco antes de poder tomar buenas decisiones tales como saber cuándo es seguro cruzar la calle.

Hasta que los niños crezcan, sus padres deben acompañarlos y guiarlos en sus decisiones. Lo mismo sucede con el crecimiento espiritual: Dios enseña a Sus hijos a tomar buenas decisiones y a resistir los engaños del diablo.

Dios cuidará de ti y te ayudará a crecer.

Querido Dios:

Quiero crecer y aprender. Te doy gracias por ser mi guía y maestro en el camino.

Amén

Un gran amor

¿Alguna vez estuviste en las montañas o viste el océano? ¿No te abrumaron lo extraordinarios e inmensos que son? El amor de Dios por ti es aún más grande que ellos. Pídele que te ayude a comprender cuánto te ama.

Una vez que comiences a entenderlo, creerás que Él te puede asistir en todo lo que necesites. Su amor trae tanta fuerza, poder, esperanza y sostén que Dios intervendrá y te ayudará a pelear contra la tentación, te llevará a crecer y a aprender, porque Él te ama sin medida.

Querido Dios:

Creo que Tu amor es mucho más grande de lo que podría imaginar. Por favor, muéstrame cuánto me amas, eso me ayudará a confiar más en Ti.

Amén

Pido que, arraigados y cimentados en AMOR, puedan comprender, junto con todos los creyentes, cuán ancho y largo, alto y profundo es el amor de Cristo.

Mantener el rumbo

Estar cansada y desanimada puede hacer que desees renunciar a algunos desafíos. Si has estado luchando contra las tentaciones durante mucho tiempo, o si sientes que todo lo que haces te sale mal, puede que tengas ganas de rendirte. ¿De qué sirve oponerse y pelear? Simplemente sigue a la multitud y haz lo que todos hacen, tal vez eso es lo que estabas destinada a hacer.

En esos momentos de desaliento necesitas recurrir a Dios. Él sabe que tu fuerza es limitada y te sostendrá para permanecer en la senda correcta: la de la obediencia. Dios conoce el camino que debes seguir y si se lo pides, Él te mantendrá allí.

Querido Dios:

Por favor, dame Tu guía y dirección para permanecer en el camino que quieres que ande.

Amén

Un refugio

¿Tienes un lugar especial para estar sola? Algunas personas tienen un rincón en la casa, otras se suben a un árbol y se esconden entre las ramas y las hojas, otras encuentran un espacio tranquilo en un jardín o parque. Estos son posibles sitios para estar sola, reflexionar y estar en silencio. Son refugios, lugares apartados del mundo ruidoso y ajetreado.

Dios es un refugio: es el lugar perfecto a donde ir cuando la vida realmente se complica. Cuando tus padres se están gritando de nuevo, cuando tu mamá te regaña por trigésima vez en un mismo día, cuando en la escuela todo se pone demasiado difícil, cuando tus amigas te maltratan, Dios es tu refugio porque le importa lo que estás pasando.

Querido Dios:

Necesito un refugio y te doy gracias porque puedo contar contigo.

Amén

El Dios eterno es tu refugio, y sus brazos eternos te sostienen.

DEUTERONOMIO 33:27

Mantente cerca

¿Qué sucede si accidentalmente te quedas fuera de tu casa y no puedes entrar? ¿Llamas a tu papá, que está en un viaje de negocios al otro lado del país? Él se preocupará por tu problema, pero no podrá resolverlo. ¿O llamas a tu mamá, que está trabajando a veinticinco millas de distancia? Ella te ayudará, pero no de inmediato. ¿Qué tal si llamas al vecino de al lado que tiene una llave de repuesto de tu casa? ¡Bingo! La persona más cercana es la mejor opción a la que puedes recurrir.

Ahora piensa al respecto en relación con Dios: Él *nunca* se aleja de ti, *tú* te alejas de Él. El momento apropiado para acercarte a Él no es cuando surgen problemas graves en tu vida: hazlo ahora, y quédate ahí. Entonces, cuando necesites Su ayuda, ¡ya te encontrarás a Su lado!

Querido Dios:

Reconozco que el mejor lugar para estar es cerca de Ti. Eres mi fuerza y mi socorro, y quiero pasar tiempo contigo cada día para estar realmente a Tu lado.

Amén

El poder perfecto

¿Alguna vez te dieron un regalo realmente genial sin ningún motivo? No era tu cumpleaños ni Navidad. ¿No te hizo sentir especial ese acto? Cuando lo abriste, probablemente te diste cuenta de que le importabas mucho a la persona que te lo dio.

Así es la gracia de Dios: no hiciste nada para ganártela, pero Él simplemente te la da porque te ama, y quiere ayudarte en tus decisiones y en tus problemas cuando comparte Su poder contigo. Eso no implica que Él deba rebajarse a tu condición humana.

Al compartir Su poder contigo, Su poder aumenta. Así funciona el amor de Dios: cuando Él lo comparte con otros, este se expande. ¿No es genial?

Querido Dios:

Te agradezco por hacerte fuerte en mi debilidad. ¡Eres tan poderoso!

Amén

Moldeada por el alfarero

Un alfarero comienza su trabajo colocando una gran bola de arcilla húmeda en su torno. Luego comienza a trabajar con ella, dándole forma con suavidad y firmeza a la vez, y echándole agua cuando se seca demasiado. Con paciencia, el alfarero le da forma a la arcilla hasta convertirla en la pieza de cerámica que sabía que llegaría a ser. El resultado es un objeto hermoso y útil.

Dios afirma que eres como ese pedazo de barro en Su mano: Él te moldeará y te convertirá en la persona que sabe que puedes ser. Eso significa que cuando tengas problemas y necesites Su ayuda, Él estará allí: Él usará tanto los problemas y el estrés como la felicidad y la alegría para moldear tu vida.

Querido Dios:

Confieso que a veces duele cuando soy moldeada como una vasija de barro. Recuérdame que Tú me estás ayudando a convertirme en una mejor persona a través de las circunstancias en mi vida.

Amén

Tu fuente de poder

Quizás te sorprenda saber que Dios nunca te prometió la felicidad. Lo que sí prometió es que, si te mantienes cerca de Él, te ayudará a encontrar un propósito en tu vida, te mostrará cuáles son tus dones y cómo quiere que los uses.

Te prometió una y otra vez que vendrá en los momentos difíciles de la vida si recurres a Él. Cuando tengas problemas, no pongas tu esperanza en objetos o personas. Decide ahora mismo que recurrirás inmediatamente a Dios y confiarás en Su poder, mantente a Su lado diariamente ¡para que luego no tengas que ir muy lejos a buscarlo!

Querido Dios:

Reconozco que necesito leer Tu Palabra y hablar contigo todos los días para permanecer conectada contigo. ¡Tú eres mi Fuente de Poder!

Amén

Cree en Su amor

La fila de la caja del supermercado es un lugar típico para ver a un niño de dos años hacer un berrinche. E pequeño ve el estante de dulces y comienza a agarrarlos. La mamá le dice suavemente: «no», mientras devuelve los dulces a su lugar.

El niño expresa sus deseos gritando, pataleando y tirándose al piso. Someterse a la decisión de una madre no es una opción sencilla ni popular, pero tú nunca hiciste eso, ¿verdad?

Someterse no es fácil si no renuncias a tu propia voluntad. Si vas a resistirte a obedecer a Dios y Su guía en tu vida, te meterás en problemas. La clave aquí es comprender que Dios te ama tanto, que someterse a Él traerá beneficios para ti.

Querido Dios:

Entiendo que primero debo confiar en Ti, y luego someterme a Ti. No podrás intervenir en mis asuntos hasta que yo haga ambas cosas. Por favor, ayúdame a confiar más en Ti.

Amén

Junio
Vivir al máximo

No es una opción

Compartir el mensaje del amor de Dios no es una opción. No puedes encogerte de hombros y decir: «Eso es para los adultos». No dice: «Todos los mayores de veinticinco años deben ir y hacer discípulos...». No, la verdad es que los niños y chicos como tú pueden escuchar a alguien de su edad mejor que a un adulto. Esto no significa que tengas que pararte detrás de un púlpito y predicar un sermón. Puedes comenzar a ser testigo simplemente al vivir tu vida para Dios.

Hay un dicho que dice que tu vida puede ser la única Biblia que algunas personas leerán. No tengas miedo de tomar decisiones que reflejen tu amor por Dios y obediencia a Él.

Querido Dios:

Ayúdame a vivir de tal forma que otros puedan ver mi amor por Ti.

Amén

Compartiendo el evangelio

Dar testimonio es como las ondas expansivas. Tú sabes: cuando arro-
as una piedrita a un charco de agua, as ondas primero son pequeñas alrededor del lugar donde cayó la piedra, y luego se hacen más grandes a medida que se extienden. Jesús dijo que deberías comenzar a dar testimonio justo donde estás: con tus amigos cercanos y tu familia. Esa es tu Jerusalén.

Luego las ondas se extienden a tu Judea: tu escuela y tu grupo más grande de amigos. Entonces puedes tener la oportunidad de ir a Samaria y a los confines de la tierra en viajes misioneros o de servicio a corto plazo. Nunca sabes lo que Dios tiene planeado para ti. Por ahora, ocúpate de tu Jerusalén.

Querido Dios:

Dar testimonio me da un poco de miedo. Te pido que pueda vivir de una manera que demuestre cuánto te amo. Dame las palabras adecuadas cuando se presente la oportunidad de compartir. Te doy las gracias por esto.

Amén

Detente, mira y adora

Los que estaban en la barca lo adoraron diciendo: «Verdaderamente tú eres el Hijo de Dios».

MATEO 14:33 (NVI)

¿Qué es un testigo? En pocas palabras un testigo es alguien que presenció algo como los discípulos que vieron a Jesús hacer todo tipo de milagros. El versículo de hoy describe cómo respondieron cuando lo vieron caminar sobre el agua hacia su barca: lo adoraron. «¡Pues claro!», piensas, «si Dios hiciera algún supermilagro por mí, yo también lo adoraría». Obvio, tú también…

Mira a tu alrededor. Dios hace milagros por ti cada día: el sol sale, las estrellas se quedan en su lugar, los océanos no inundan la tierra, tienes una familia que te ama y Él te ayuda a tomar decisiones que te mantienen completa y segura. Te has acostumbrado tanto a Sus milagros que esperas que sucedan día tras día. Detente, mira y adóralo por ellos.

Querido Dios:

Supongo que sí tengo motivos para dar testimonio. Recuérdame que los comparta con los demás.

Amén

¡No temas!

«Una presentación oral frente a toda la clase»: al escuchar estas palabras, los estudiantes se llenan de miedo. Hablar en público es uno de los mayores temores que tienen muchos. Supongo que tiene sentido incluir el dar testimonio.

Existe el miedo de compartir tu fe en público, que rechacen lo que dices o, peor aún, que se burlen de ti, y el miedo de no hacerlo bien. ¡Uf! Hay mucho por lo cual sentir temor.

Sé valiente y empieza con lo que sabes: obedece los Diez Mandamientos y esa fidelidad y amor por los demás te distinguirán del resto del mundo. Tu vida se volverá en un testimonio antes de que siquiera abras la boca.

Querido Dios:

Recuérdame el hecho de que mis amigos se darán cuenta de cómo vivo y lo que digo. Te pido que me ayudes a ser un testigo Tuyo.

Amén

«Sé fuerte y muy valiente. Ten cuidado de obedecer todas las instrucciones que Moisés te dio. No te desvíes de ellas ni a la derecha ni a la izquierda. Entonces te irá bien en todo lo que hagas».

JOSUÉ 1:7

¡Entusiasmo!

Es Navidad y los regalos están apilados alrededor del árbol, grandes y pequeños. Un paquete podría ser... podría ser... algo que quieres tanto, tanto, que ya puedes saborearlo. Entonces la familia comienza el ritual de abrir los regalos y finalmente, esa caja está frente a ti: ¡la maravilla de las maravillas: es exactamente lo que querías! ¡Estás tan feliz que no puedes esperar para contárselo a tus amigas!

Cuando sabes algo que es una gran noticia o cuando recibes algo que es increíble, ¡quieres contárselo a medio mundo! Ahí es donde entra en juego el testimonio. Cuando los discípulos entendieron quién era Jesús, quisieron contárselo a la gente. ¿Cuál es tu respuesta cuando te entusiasmas con el amor de Dios por ti?

Querido Dios:

Quiero estar entusiasmada por Ti, ¡tanto que simplemente le quiera contar a todo el mundo sobre Ti!

Amén

¡Es tiempo de cosecha!

¿Qué pasaría si un granjero tuviera campos de trigo listos para ser cosechados, pero no hubiera trabajadores para recoger los granos? Todo en los campos se pudriría y se desperdiciaría.

La cosecha de Dios son las personas alrededor del mundo: la gente que necesita conocerlo para ser salvada. Hay literalmente cientos de miles de personas que podrían elegir aceptar a Jesús, pero... todavía nadie les habló de Él. Los obreros son pocos porque algunos no están cumpliendo con su labor de ser testigos de Cristo.

No es una tarea exclusiva para ciertas personas: es para todos los que creen en Jesús. ¿Cómo te está yendo a ti al respecto?

Querido Dios:

Confieso que me da un poco de miedo hablarle a otros sobre Ti. Por favor, te pido que me ayudes y des las palabras adecuadas, así como el valor para decirlas.

Amén

7 DE JUNIO

Haz tu trabajo

YO PLANTÉ LA SEMILLA EN SUS CORAZONES, Y APOLOS LA REGÓ, PERO FUE DIOS QUIEN LA HIZO CRECER.

1 Corintios 3:6

«¿Que sea testigo? ¿Quieres que le cuente a alguien acerca de Dios y que lo ayude a ser salvo? ¡No puedo hacerlo! Solo soy una adolescente, ¿estás loca? ¡Es demasiado!». ¡Está bien, cálmate, chica! No tienes que hacerlo todo por tu cuenta. Testificar y llevar a las personas a la salvación en Cristo es un trabajo en equipo.

Tal vez tú plantes la semilla simplemente al vivir tu vida para Cristo. Quizás alguien más la riegue al compartir versículos bíblicos con esa misma persona. Pero solo Dios puede atraer a una persona hacia Sí mismo. A veces puedes ser la chica que planta la semilla, otras veces puedes ser la que la riega. El punto es que debes estar dispuesta a hacer lo que Dios quiera que hagas.

Querido Dios:

Cuando me doy cuenta de que testificar es un esfuerzo de equipo me resulta más sencillo. Ayúdame a aprovechar las oportunidades que me das para compartir de Ti a otros.

Amén

El secreto mejor guardado

Alabar a Dios no puede ser algo privado. Si solo lo adoras y lo alabas en la intimidad de tu habitación o, incluso, en la seguridad de tu iglesia, bueno, te estás perdiendo algo.

La verdad es que, si te da vergüenza o miedo lo que tus amigas puedan pensar sobre tu relación con Dios, entonces probablemente no te sientas libre para realmente adorarlo.

Si no puedes alabarlo y agradecerle con todo tu corazón, entonces te resultará muy difícil hablar a otros sobre Él. Entonces, ¿en qué condición te encuentras al respecto? ¿Es Dios el secreto mejor guardado que tienes?

Querido Dios:

Está bien, admito que a veces me pongo nerviosa por lo que mis amigas puedan pensar de mí por ser cristiana. Ayúdame a superar ese temor y que mi amor por Ti crezca.

Amén

¡ALABADO sea el SEÑOR! ¡Den GRACIAS al SEÑOR, porque él es BUENO! SU FIEL AMOR PERDURA PARA SIEMPRE.

Salmos 106:1

El tiempo se acaba

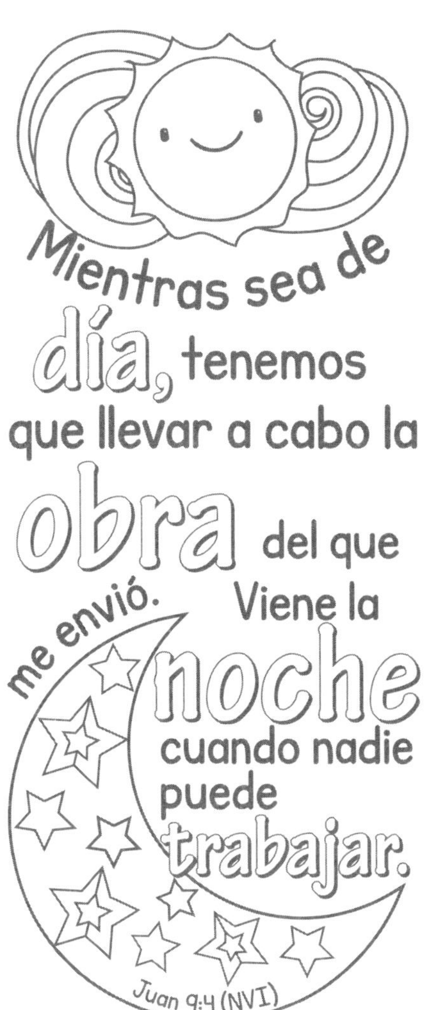

Cuando tienes un gran proyecto que hacer para la escuela, ¿esperas hasta el último minuto para comenzarlo? Entonces te quedas despierta toda la noche preparándolo, reuniendo imágenes, revisando lo que escribiste y deseando terminarlo pronto. Si esperas demasiado hasta empezarlo, bueno, te quedarás sin tiempo.

Ese es el punto que Jesús hacía en este versículo. Algunas personas miran a sus familiares y amigos alrededor y piensan: «Sí, necesitan escuchar acerca de Dios, pero ya habrá oportunidad para contarles». El recordatorio de Jesús es que en algún momento el tiempo se acaba y será demasiado tarde para compartir con ellos acerca de Él. ¡Haz tu trabajo mientras todavía tienes tiempo!

Querido Dios:
Creo que siempre he pensado que ya habrá oportunidad para contarles a mis amigos sobre Ti, pero ahora reconozco que el tiempo tarde o temprano se acabará. ¡Te pido ayuda para poner manos a la obra!

Amén

10 DE JUNIO

La sal de la tierra

Tú eres diferente... bueno, se supone que lo eres. Por mucho que intentes vestirte igual al resto, tener la marca idéntica de zapatos o el modelo de mochila, te guste la misma música y todo eso, se supone que eres diferente. ¿Qué le hace la sal a la comida? Le da sabor y evita que se eche a perder.

Jesús dijo que *tú*, uno de Sus hijos, puede hacer eso mismo: deberías ser diferente en la manera en que tratas a los demás, incluso a tus padres, en cómo respetas a la autoridad y manejas tus problemas. Deberías darle un sabor divino a tu mundo, porque eso es ser testigo con tu vida.

Querido Dios:

Reconozco que para ser sal necesito pensar en Ti todo el tiempo, incluso cuando me cuesta y estoy con mis amigas. Te pido que me ayudes a ser sal para ellas.

Amén

«Ustedes son la sal de la tierra. Pero si la sal pierde su sabor, ¿cómo lo recobrará? Ya no sirve para nada».

Mateo 5:13 (NVI)

¡Ilumina el mundo!

Una luz que brilla en la oscuridad puede verse desde una gran distancia, ¡por más pequeña que sea! Como ilumina todo a su alrededor, se pueden ver cosas que se perderían en la oscuridad. Jesús dijo que un cristiano (esa eres tú, muchacha) es una luz en un mundo lleno de personas que literalmente se están muriendo.

La gente terminará yendo hacia la luz porque la oscuridad se vuelve bastante desalentadora. Ser testigos no tiene por qué ser algo muy aterrador: es solo vivir en obediencia a Dios. Significa que no puedes actuar de una manera con tus amigas y de otra en la iglesia, sino que es importante que vivas para Dios todo el tiempo. ¡Sé una luz.

Querido Dios:

A veces me resulta tan difícil vivir para Ti delante de mis amigas. Te pido por favor que me ayudes y me des valentía.

Amén

Vivir de verdad

¿Alguna vez trataste de fingir? Ya sabes, actuar como si alguien te cayera bien cuando en realidad no es así, fingir que has estudiado para un examen cuando no lo hiciste, o aparentar que rezas todos los días y que realmente te importa lo que Dios quiere para ti.

Puedes engañar a la gente, incluso puedes fingir que das testimonio de quién es Dios, pero no puedes lograrlo con Él, porque mira tu corazón y conoce cuáles son tus verdaderas motivaciones.

Los fariseos eran unos farsantes: actuaban como religiosos, pero en sus corazones no les importaba nada Dios. Si solo estás fingiendo tu relación con Dios, ¡no te molestes! No, simplemente deja de hacerlo y sé auténtica, viviendo para Dios y permitiendo que tu vida dé testimonio de Él.

Querido Dios:

No quiero ser una farsante, así que por favor ayúdame a vivir de manera genuina.

Amén

«LES ADVIERTO: A MENOS QUE SU JUSTICIA SUPERE A LA DE LOS MAESTROS DE LA LEY RELIGIOSA Y A LA DE LOS FARISEOS, NUNCA ENTRARÁN EN EL REINO DEL CIELO».

En entrenamiento

La clave está en prepararse. Un levantador de pesas no comienza su carrera levantando quinientas libras, ni un maratonista corre veintiséis millas la primera vez que se pone sus zapatillas de correr. Cualquier atleta comienza su carrera entrenando, tonificando sus músculos y aumentando su capacidad pulmonar para poder dar lo mejor de sí.

¿No te alegra saber que lo mismo ocurre en la vida cristiana? ¡También estás en entrenamiento! Comienzas entregando tu corazón a Dios y luego continúa fortaleciéndolo para realizar Su obra. Él siempre te cuida y está pendiente para ver cuándo necesitas Su ayuda.

Querido Dios:

Te doy gracias por fortalecerme y ayudarme siempre.

Amén

Vive con propósito

¿Qué significa rendir cuentas? Bueno, cada mes el banco envía un informe del dinero que hay en tu cuenta bancaria. Eso es una cuenta. Por otro lado, rendirle cuentas a Dios significa que le explicas lo que has estado haciendo con tu vida. ¿Cómo estás invirtiendo tu tiempo y energía? Dios te lo va a preguntar.

Verás, Dios nos ha dado una tarea básica para realizar: obedecerlo, vivir para Él y compartir las Buenas Noticias con las personas que te rodean. Llegará el día en que Dios te pedirá dar cuentas, así que ahora mismo comienza a vivir tu vida con propósito para que el balance sea positivo.

Querido Dios:

Te pido ayuda porque quiero vivir con propósito para que mi cuenta contigo esté en orden.

Amén

Testigo de amor

HABLARÁN de la GLORIA de tu reino; darán ejemplos de tu PODER. Contarán de tus poderosas obras y de la majestad y la gloria de tu reinado.

SALMOS 145:11-12

¿Así que piensas: «no puedo testificar acerca de Dios porque no sabría de qué decir»? Estos dos versículos te dan una pista: cuando testificas, compartes acerca de la gloria del reino de Dios y Su poder.

¿No crees que tus amigas y familiares estarían felices de aprender acerca del reino de Dios: un lugar perfecto lleno de amor? También nos consuela pensar en Sus actos poderosos porque demuestran Su omnipotencia.

Tal vez sientas que no puedes ver Su poder actuar en tu vida cotidiana, pero sí lo puedes encontrar en la naturaleza y conoces las historias de la Biblia, por lo tanto, puedes testificar acerca de ellas. Por encima de todo, debes compartir acerca de Su amor constante y maravilloso.

Querido Dios:

Yo sé que me amas, y te pido que me ayudes a contarles a otros que los amas a ellos también.

Amén

Nunca eres demasiado joven

Jeremías fue uno de los profetas más grandes que sirvieron a Dios. Sin embargo, cuando Dios lo llamó por primera vez al servicio, Jeremías respondió: «No puedo hacerlo, soy demasiado joven». Por supuesto que esto no es cierto, porque cualquiera, sin importar la edad, puede servir a Dios.

Dios también te ha llamado a ti para hacer algo por Él. Puede que no sea para predicar o enseñar, sino que simplemente sea para ser amiga de alguien que necesita saber que Dios la ama.

Independientemente de lo que Él quiera que hagas, si te mantienes cerca de Dios, leyendo Su Palabra y orando, Él te dará las palabras que debes decir en el momento adecuado.

Querido Dios:

¡Vaya! Hasta Jeremías pensó que era demasiado joven. Supongo que, si lo ayudaste, también lo harás conmigo.

Amén

El SEÑOR me dijo: «No digas: "Soy muy joven", porque vas a ir adondequiera que yo te envíe y vas a decir todo lo que yo te ordene... He puesto en tu boca mis palabras».

Jeremías 1:7, 9 (NVI)

¡Creciendo!

¡*Ay, los temibles dos años!* Los padres oyen historias sobre lo tercos que se volverán sus queridos hijos al cumplir dos años, y generalmente es cierto. Sin embargo, a medida que el niño crece, se vuelve un poco más sabio y comienza a querer aprender y escuchar los consejos.

A veces puedes tener miedo al pensar en contarles a tus amigas acerca del Señor porque supones que no les importará. Ten cuidado con eso, porque a veces querrán aprender y recibir consejos sobre cómo vivir en este mundo. ¡Es posible que estén esperando escuchar lo que tienes para compartir con ellas!

Querido Dios:

Nunca había pensado al respecto: tal vez mis amigas están esperando que les hable de Ti. ¡Te pido que me des el momento adecuado y las palabras correctas para hablarles!

Amén

El tema más importante

Probablemente puedas hablar con tus amigas sobre cualquier cosa: los problemas con tus padres, cómo no te entienden, que sus reglas son anticuadas, que tienes demasiadas tareas que hacer, los profesores (los buenos y los malos) que dan demasiada tarea, tus compañeros en la escuela (los geniales y los totalmente raros), la ropa, la música… y así podríamos seguir.

Pero *el* tema que es más difícil de traer a una conversación es definitivamente el más importante: Dios. Te da miedo porque no quieres que tus amigas sientan que te crees superior a ellas. ¡O no quieres que piensen que *tú* eres la rara! ¿Qué haces con este miedo? Pues, ora: pídele a Dios que te ayude. Luego, recuerda que Él te responderá y que no tienes nada que temer.

Querido Dios:

De acuerdo, por favor ayúdame y dame la valentía para hablarles a mis amigas de Ti.

Amén

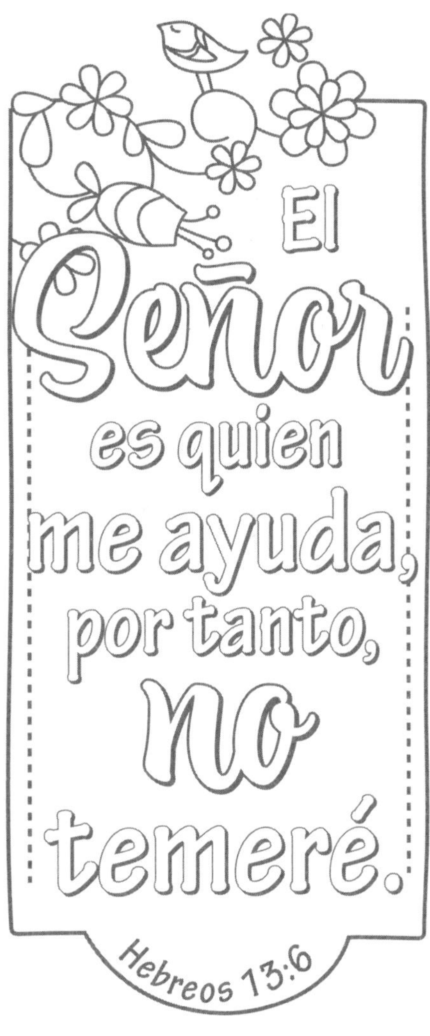

19 DE JUNIO

Tu verdadero yo

Jesús les dijo: «En todas partes se HONRA a un profeta, menos en SU TIERRA y en su PROPIA CASA».

Mateo 13:57 (NVI)

Un lugar donde es muy difícil hablar de Jesús puede ser justamente en casa. Después de todo, tus padres, hermanos y hermanas conocen *tu verdadero yo*. Saben cuándo te enojas, cuando dices una pequeña mentira o no haces tus tareas. Ven tus malas actitudes y los momentos en que no te comportas de manera amorosa. Es difícil hablar de Dios y vivir para Él cuando las personas más cercanas a ti ven cuando no lo haces.

¡No te preocupes!, Jesús sabe que es un desafío, que hablar sobre Él con las personas que más amas es aún más difícil. Pídele que te ayude a vivir de una manera amorosa y obediente para que tu familia lo note.

Querido Dios:

A veces mi familia me hace enojar mucho, pero realmente los amo y quiero que te conozcan. Ayúdame a vivir para Ti delante de ellos todo el tiempo.

Amén

20 DE JUNIO

Dios sabe

Felipe estaba ocupado en sus propios asuntos cuando Dios le dijo que hablara con ese hombre. Felipe estaba confundido porque este señor era un funcionario del gobierno, y debía darle un poco de miedo hablarle de Dios a alguien tan importante.

Pero ¿a que no sabes? El hombre estaba leyendo la Biblia, aunque no la comprendía. Entonces, Felipe se la explicó y el hombre la entendió.

Cuando sientas ese empujón para hablar con alguien sobre Dios, no te resistas. Dios tiene el panorama completo de lo que está viviendo esa persona y lo que está pensando. También sabe cuándo es el momento adecuado, así que no lo cuestiones, ¡solo obedece!

Querido Dios:

Te pido que me ayudes a escucharte y obedecerte. Recuérdame que Tú conoces la historia completa de una persona.

Amén

Felipe le preguntó: «¿Entiendes lo que estás **LEYENDO?»**.

El hombre contestó: «¿Y **CÓMO** puedo entenderlo, a menos que alguien me **EXPLIQUE?»**.

Hechos 8:30-31

Demostrando tu trabajo

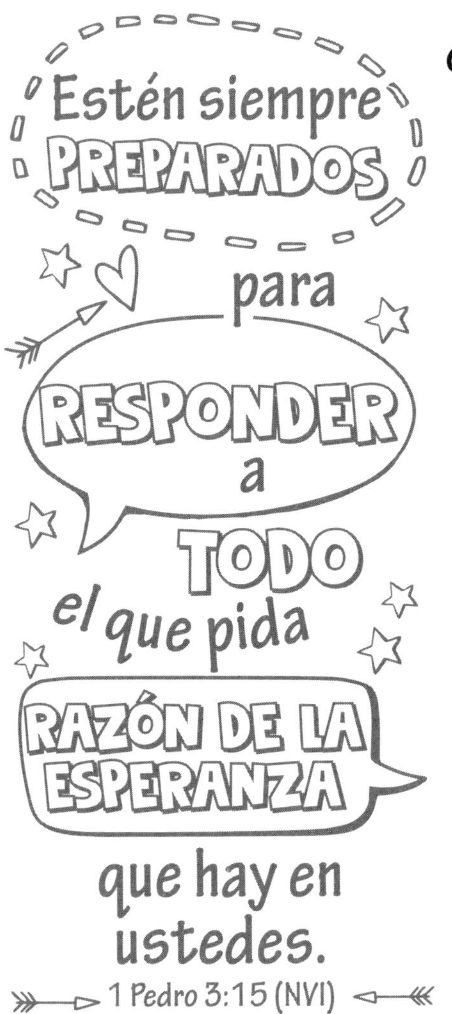

¿Eres capaz de encontrar la respuesta correcta a un problema matemático complejo? Luego tu profesora te pide que justifiques lo que hiciste: que demuestres cómo llegaste al resultado, y a veces, *esa* es la parte difícil.

Tal vez no te cueste transitar la vida cristiana. La mayoría de las veces eres capaz de controlar los chismes y las malas actitudes, quizás seas bastante buena demostrándole a tus amigas que confías en Dios. Pero en algún momento, alguna de ellas puede preguntarte por qué tu vida es diferente y necesitas tener respuestas preparadas para responder. Ora por eso ahora mismo y pídele a Señor que te ayude a estar lista para dar esa respuesta.

Querido Dios:

Solía creer que vivir de manera correcta sería suficiente y que no tendría que hablar nada al respecto. Así que, ¿me ayudarías a prepararme con las palabras correctas? ¡Gracias!

Amén

Embajadores

¿Qué hace un embajador? Un embajador va a otro país para representar a su patria y ayudar a difundir las virtudes de su nación que generen buena disposición hacia ella. Tú también tienes la oportunidad de ser una embajadora, pero de Cristo, al compartir con otros sentimientos positivos y buenas noticias sobre Él.

En realidad, aunque no lo reconozcas, tú eres una embajadora de algo: o estás a favor de Cristo o estás en Su contra. Realmente no hay un punto medio aquí.

No decidir servirlo en realidad implica tomar la decisión de NO servirlo. Por lo tanto, asume tu responsabilidad y reconoce que eres Su embajadora. ¡Vive al máximo para Él!

Querido Dios:

Quiero ser la mejor embajadora que hayas tenido. ¡Ayúdame a vivir con todas mis fuerzas para Ti!

Amén

¡Cuéntales a otros!

La mujer dejó su cántaro y se fue al pueblo, donde dijo a la gente: «Vengan a ver a un hombre que me ha dicho todo lo que he hecho. ¿No será este el Mesías?».

Juan 4:28-29 (DHH)

Un amor obstinado: eso es lo que Jesús tenía por esta mujer. Ella tenía una vida desordenada, se había casado varias veces y vivía con un hombre con el que no se había casado. Había tomado malas decisiones y, además, tenía una pésima actitud.

Sin embargo, Jesús no se alejó, sino que continuó hablando con ella, la siguió amando hasta que finalmente los muros alrededor de su corazón se abrieron. Entonces, ¿qué hizo ella? Salió corriendo a contarles a los demás acerca de Jesús, convirtiéndose en Su testigo al instante. Eso es lo que produce el entusiasmo y la alegría, es lo que genera la comprensión.

¿Entiendes cuánto te ama Jesús, y cuánto nos ama a todos? Entonces, ¡ve y cuéntales a otros!

Querido Dios:
Quiero estar tan entusiasmada como lo estaba esa mujer. Te pido que me llenes de alegría y emoción para que pueda contarles a otros de Ti.

Amén

¡Solo un camino!

Si alguna vez viste la señal de un sentido al lado de la carretera significa que solo se puede ir en una dirección por esa calle. Si intentas ir en el sentido contrario, recibirás una multa y probablemente provoques un accidente.

En el mundo de hoy se ofrecen muchas «maneras de llegar al cielo». Tal vez algunas de tus amigas hayan adoptado algunas de esas ideas, y lo triste es que no son verdaderas. El camino al cielo es a través de aceptar a Jesús como tu Salvador.

Hay solo un camino, no hay otras puertas ni hay otras opciones. ¡Tú tienes la verdad! ¿No es genial? Pero también debes encontrar una forma de compartirla con tus amigas, no permitas que ellas crean una mentira.

Querido Dios:

Te pido que me des las palabras al hablar y el momento adecuado para hacerlo. ¡Quiero que mis amigas te conozcan!

Amén

25 DE JUNIO

Cualquiera puede ser salvo

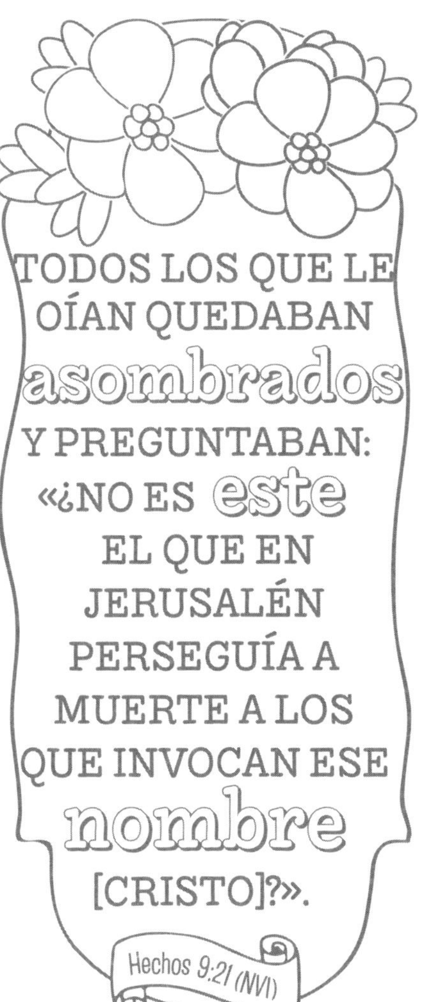

Saulo era un hombre desagradable, su misión en la vida era encontrar personas que creyeran en Cristo y hacerles la vida imposible. También era bueno en eso.

Si alguna vez hubo alguien que nadie pensaría que podría ser salvo, esa persona sería Saulo. Hasta que llegó el momento en que Jesús se apoderó de su corazón y lo cambió. Entonces Saulo se convirtió en Pablo, uno de los predicadores más grandes de todos los tiempos y el hombre que Dios usó para escribir muchos capítulos en Su Palabra, la Biblia.

¿Conoces a alguien que sea tan malvado que pienses que nunca podría ser salvo? ¿Alguien tan cruel que pienses que nunca querría saber nada de Dios? No estés tan segura de eso: ¡cambiar el corazón es obra de Dios, no tuya!

Querido Dios:

Te dejo a Ti el cambio en los corazones. Por mi parte haré lo que Tú me pidas y no me preocuparé si las personas con las que hablo deciden seguirte o no.

Amén

26 DE JUNIO

El principio

Aquí tienes un dato elemental: toda persona que ha pisado esta tierra es pecadora; eso comenzó con Adán y Eva. Todos necesitan saber que Jesús vino a la tierra, vivió y enseñó, fue crucificado, murió y resucitó y lo hizo por una sola razón: el amor.

La realidad es que todo lo bueno que hagan las personas no las llevará al cielo. Sus actos de bondad no significan que ya no sean pecadoras. Todos probablemente saben en lo profundo de su corazón que tienen malos pensamientos y motivaciones egoístas. Lo que la gente necesita comprender es que Dios también lo sabe.

Esto es algo básico que toda persona debe saber antes de creer que necesita a Dios en su vida.

Querido Dios:

Siempre encuentro una excusa para mi pecado y supongo que los demás también. Ayúdame a asimilar esta realidad básica sobre mi vida y poder explicársela a otros. Después de todo, todos somos pecadores.

Amén

TODOS han pecado y están privados de la GLORIA de DIOS.

Romanos 3:23 (NVI)

El precio se paga

«Obtienes lo que pagas». Alguna vez quizás compraste una camisa que se ve exactamente como la de una marca de diseño, pero en realidad es una imitación mucho más barata. Después de usarla un tiempo, descubres que no se mantiene tan bien como la prenda original: las costuras se aflojan o pierde su forma o el color se desvanece. Bueno, tienes lo que pagaste.

Lo mismo ocurre con el pecado: si alguien decide vivir una vida pecaminosa ignorando a Dios, hay un precio que pagar: la muerte eterna, sin el cielo.

La buena noticia que puedes compartir con los demás es que Dios se encargó de eso: ¡Él ya pagó el precio por ti! ¡La muerte y resurrección de Jesús nos abrieron la puerta al cielo y a la vida eterna! Son buenas noticias para contarles a todos, ¿no lo crees?

Querido Dios:

Gracias por abrir la puerta a la salvación: es una buena noticia que quiero contarles a los demás.

Amén

Sin rencores

Si tienes una hermana o un hermano, sabes que a veces la vida se pone desagradable en casa. Tu hermano menor puede ser un verdadero fastidio y hacerte enfadar tanto que solo quieres encerrarlo en el baño durante unos cinco años. Entonces, cuando estás realmente enojada con alguien que te ha tratado mal, ¿alguna vez sientes la tentación de hacer algo bueno por él, sin ninguna razón? Probablemente no.

Pero piensa en esto: todos somos pecadores... todos. Aun sabiendo que íbamos a desobedecerlo y decepcionarlo continuamente, Dios nos mostró Su increíble amor al enviar a Su Hijo, Jesús, a morir por nuestros pecados. ¡Esa es una noticia que vale la pena compartir!

Querido Dios:

¡Vaya, esto es increíble! Necesito contarles a los demás cuánto los amas.

Amén

por nosotros en esto:
en que cuando todavía
éramos pecadores,

murió por
nosotros.

Un asunto serio

Dios no trata con amenazas vacías. Algunas personas dicen amenazas vacías como: «Limpia tu habitación o serás castigada, mejora tus calificaciones o te echarán de la escuela». Este tipo de amenazas pueden considerarse vacías porque algunas pueden terminar ocurriendo y otras no y, en poco tiempo, ya no le creerás a quien te las hace.

Bueno, escucha esto: cuando Dios dice que una persona tiene que aceptar a Jesús para ir al cielo, no es una amenaza vacía. El infierno es un lugar real y si los hijos de Dios no dan testimonio para que otros conozcan Su amor, bueno, sus nombres no estarán en el Libro de la Vida y no podrán entrar al cielo. Esto es un asunto serio.

Querido Dios:

Por momentos me resulta difícil creer que el infierno sea un lugar real, pero no quiero que ninguna de las personas que amo vaya allí. Te pido que me ayudes a hablarles de Ti.

Amén

Efecto dominó

¿Alguna vez has alineado fichas de dominó? Cuando tiras la primera, esta cae y derriba a todas las que le siguen: a eso se le llama *efecto dominó*.

Dios nunca quiso que fuera difícil saber cómo llegar al cielo, y por eso nos dio un Libro completo de instrucciones y les pidió a Sus hijos que difundieran la noticia. Dios estaría muy emocionado si cada persona que hubiera existido tuviera su nombre escrito en el Libro de la Vida. Cada uno tiene que decidir si seguir a Dios o no, pero no puede hacerlo hasta que conozca acerca de Él.

Ahí es donde entran los hijos de Dios: siendo testigos, contándoles a otros acerca del amor de Dios. Si alguien te contó la Buena Noticia, ¿no deberías compartirla con otros, para que a su vez ellos también lo hagan con alguien más? ¡Difunde las Buenas Nuevas!

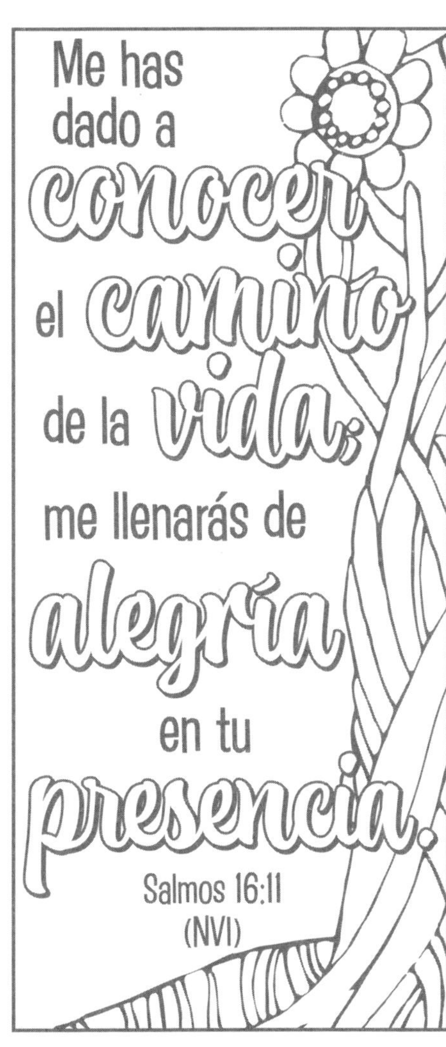

Querido Dios:

Ahora entiendo mi responsabilidad de comunicar el mensaje de salvación. Te pido que me ayudes a saber qué decir y cuándo.

Amén

Julio
La mejor versión
que puedo ser

Toma una decisión

Hay un viejo dicho que dice: «Mantente firme en tus convicciones o caerás por cualquier cosa». El primer paso para convertirte en la mejor versión de ti misma es decidir sobre qué fundamento vas a apoyarte. ¿Elegirás obedecer a Dios y honrarlo incluso si tu familia y amistades a tu alrededor no lo hacen?

Si has estado jugando en dos bandos, comportándote de una manera cuando sales con ciertas amigas y de otra distinta cuando estás con tus amigas de la iglesia, pues eso no funcionará.

Toma la decisión de obedecer a Dios. ¡Esa es la base sobre la que construirás el resto de tu vida!

Querido Señor:

De acuerdo, entonces debo tomar una decisión. Reconozco que mantener un pie en ambos mundos requiere mucho trabajo. Elijo seguirte a Ti.

Amén

Cuida lo que dices

¡Las palabras pueden meterte en muchos problemas! Desde perder los estribos y chismear sin parar hasta solo pronunciar palabras desagradables. ¿Cuántas veces lo que te dijo alguien hirió tus sentimientos? Sabes lo difícil que es olvidar esas palabras desagradables. Se posan sobre tu corazón como una manta de plomo de la que no puedes deshacerte.

Tus palabras poco amables producen lo mismo con los demás. No quisieras ser la razón por la que alguien esté triste, desanimado o deprimido, ¿verdad? Entonces ten cuidado con lo que dices. Es posible hablar con amor, incluso cuando no estás de acuerdo con alguien. No tienes que atacar a otra persona para estar en desacuerdo con ella, recuerda que eres una representante de Dios, así que cuida tu boca.

Querido Señor:
Confieso que hay veces en que las palabras se me escapan de la boca sin pensarlas. Te pido que me ayudes a refrenar mi lengua.

Amén

Haz un cambio

Si sigues haciendo todo de la misma manera, obtendrás siempre los mismos resultados. Si miras televisión todo el día mientras comes papas fritas y dulces, nunca perderás peso ni te pondrás en forma. Si no haces tus tareas escolares, seguirás reprobando asignaturas. Creo que ya captaste la idea.

Convertirte en la mejor versión de ti misma puede implicar alejarte de los hábitos y actividades de tu «vieja» vida. Por eso, renueva tu mente leyendo la Palabra de Dios y hablando con Él, y deja de hacer lo que ya sabes que le desagrada.

Tienes que tomar una decisión para hacer un cambio.

Querido Señor:

Quiero cambiar porque quiero hacer la diferencia para Ti.

Amén

Un corazón sano

Tienes tanta hambre y sed que crees que vas a desmayarte, entonces tomas unas galletas y te sirves un vaso de leche fría. Te devoras una galleta y tomas un gran trago de leche y... ¡puaj! La leche está agria, ¡es un asco!, no se veía diferente a la leche fresca.

Sí, las cosas pueden verse bien por fuera, pero si inspeccionas su interior, la verdad sale a la luz. Si tu corazón está lleno de sentimientos negativos como el egoísmo y la ira, se notará en el exterior, generalmente a través de las palabras que digas o la forma en que actúes.

¡Cuida tu corazón!

Querido Señor:

Reconozco que hay algunas cosas guardadas en mi corazón que son malas. Ayúdame a deshacerme de ellas y llena mi corazón de amor.

Amén

Lo que realmente importa

Si reparto entre los pobres todo lo que poseo, si entrego mi cuerpo para tener de qué presumir, pero no tengo amor, nada gano con eso.

1 Corintios 13:3 (NVI)

Después de una catástrofe, las personas alrededor del mundo se vuelven muy solidarias: algunos se ofrecen a ayudar como voluntarios, o envían dinero, y otros envían comida y ropa. Quizás tú también lo hayas hecho. ¡Bien por ti!, porque siempre debemos ayudar a nuestro prójimo.

Pero aquí tienes una pregunta ¿cómo tratas a tu familia? ¿Qué opinas del viejo gruñón que tienes de vecino? Resulta un poco más sencillo amar a los que viven del otro lado del mundo que a quienes ves todo el tiempo.

Una y otra vez en la Biblia leemos que debemos amarnos unos a otros Las personas que ves todos los días son las que más necesitan tu amor.

Querido Señor:

Admito que me resulta muy difícil amar a algunas personas que me rodean, por eso te pido que me ayudes a hacerlo.

Amén

Una fe serena

Los versículos de hoy nos enseñan a relajarnos en el Señor. Cuando te sientes segura y a salvo, no tienes que preocuparte por nada porque sabes que alguien está cuidando de ti y que todo saldrá bien.

Si vas a sentirte así por alguien, debería ser por el Señor. Él cuida y protege tu vida, y eso significa que Él sabe todo lo que haces. Nada lo toma por sorpresa, así que descansa en Él y deja que Él te transforme en la persona que Él quiere que seas.

Querido Señor:

Quiero poder confiar en Ti con todo lo que soy. Enséñame a reconocer que todo lo que me sucede está bajo Tu control.

Amén

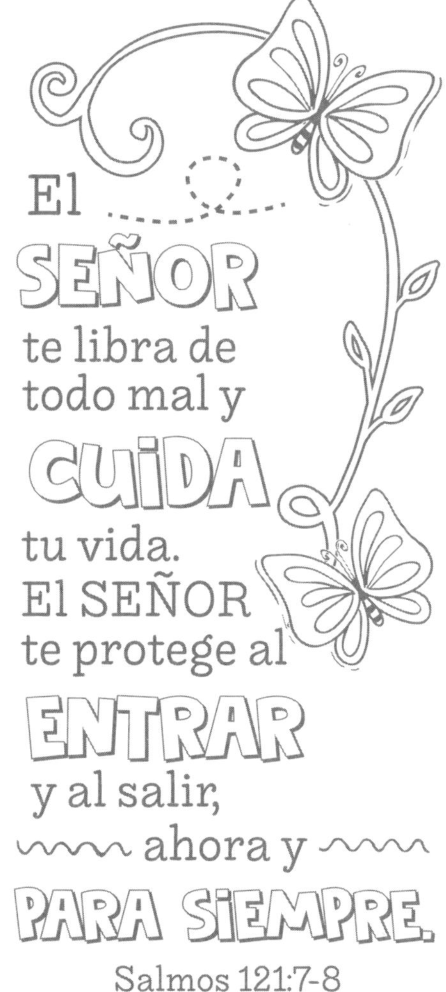

Trabaja en ello

TRABAJEN SIEMPRE PARA EL SEÑOR CON ENTUSIASMO, PORQUE USTEDES SABEN QUE NADA DE LO QUE HACEN PARA EL SEÑOR ES INÚTIL.

1 CORINTIOS 15:58

Una gimnasta olímpica no practica solo diez minutos al día. Un pianista de concierto se sienta y practica más de una o dos veces por semana. Para ser realmente buena en algo, tienes que darlo todo y dedicar tu vida a ello.

Convertirte en la persona que Dios desea es un trabajo de tiempo completo: me refiero a que debes pasar tiempo con Él todos los días y pensar acerca de lo que Él quiere para ti.

Sigue trabajando para Él y aprendiendo de Él. ¡No permitas que nada te aleje de esa meta!

Querido Señor:

Realmente quiero que mi vida tenga un propósito para Ti. Quiero que seas la prioridad en mi vida y dedicar mi ser a Ti.

Amén

Espera, ¡vale la pena!

Vivimos en una sociedad demasiado libre y sin valores claros. Algunos piensan que eres totalmente rara si no tienes novio, pero la Biblia te enseña a mantenerte pura. Es mejor esperar al chico adecuado antes de comenzar a salir con distintos chicos sin parar. No cedas a la presión de grupo con tal de ser aceptada y querida.

De la misma manera, es bueno y nos hace más respetables cuando esperamos hasta tener ropa nueva, un libro o un par de zapatos, porque nos hace apreciar más las cosas. Esperar y ahorrar hasta conseguir algo nos enseña a desarrollar la paciencia y a valorarlo más.

Querido Señor:

Recuérdame que esperar por algo vale más la pena que conseguir lo que quiero ahora mismo.

Amén

Una nueva versión de ti

¡Oye! Eres una nueva persona: fuiste equipada con un corazón nuevo cuando le pediste a Jesús que entrara en tu vida, así que tienes la oportunidad de ver nuevos resultados y convertirte en una mejor persona.

Sin embargo, tendrás que tomar algunas decisiones, porque Satanás seguirá atacándote e intentando que vuelvas a vivir como antes. ¡No permitas que lo logre!

Decide mantener tu nuevo corazón activado para no mentir ni volver a hacer lo que le desagrada a Dios.

Querido Señor:

Por favor ayúdame a vivir como una persona nueva y a dejar atrás mis conductas del pasado, ya no necesito volver a ellas. Quiero agradarte con mi vida.

Amén

Palabras y reacciones

Es tan agradable sentarse frente a una chimenea disfrutando del fuego en una noche fría de invierno. ¿Qué sucede cuando las llamas comienzan a apagarse, tomas el atizador para reanimar un poco el fuego y arrojas un leño? Las llamas se avivan y vuelven a arder con fuerza.

¿Sabías que tus palabras y reacciones tienen ese mismo tipo de poder? Cuando hay un conflicto con un familiar o amigo, la respuesta amable y suave puede evitar que las llamas de la ira se enciendan. Por el contrario, si comienzas a gritarle a la otra persona con palabras duras, las llamas arderán con fuerza y probablemente quemarán por un tiempo.

Por lo tanto, controla tus respuestas y mantendrás las llamas lejos de ti.

Querido Señor:

Por favor ayúdame a controlar mis reacciones y mis palabras. Supongo que soy una especie de bombera de palabras, ¿no es cierto?

Amén

Una actitud como la de Jesús

LA ACTITUD DE
USTEDES
DEBE SER
COMO LA DE
CRISTO JESÚS,
QUIEN... SE REBAJÓ
VOLUNTARIAMENTE,
TOMANDO LA
NATURALEZA
DE SIERVO.

FILIPENSES 2:5, 7 (NVI)

Algunas personas necesitan estar a cargo: quieren ser las más importantes, tomar todas las decisiones y no hacer ningún trabajo pesado. Sí, simplemente algunos trabajos no están a su altura.

Bueno, si tienes ese tipo de actitud, no estás reflejando a Cristo. ¿Tiene sentido esto para ti? Jesús es el Hijo de Dios, el Creador del universo, pero no necesitaba ser el tipo más importante de la multitud, sino que vino a servir a los demás. Incluso lavó los pies de sus discípulos. Esa es la tarea de menor rango que Él podría haber hecho, pero quería ocuparse de las necesidades de otras personas y hacer todo lo posible por ellas.

Así es como Jesús quiere que tú seas.

Querido Señor:

Admito que servir a los demás no es lo que quiero hacer, pero por favor, ayúdame a tener una actitud como la de Jesús.

Amén

12 DE JULIO

Ten cuidado con lo que dices

¿Conoces el viejo dicho: «A palabras necias, oídos sordos»? Lo sé, no es tan así, las palabras pueden doler. Algunas veces las palabras crueles te pesan en el interior como si te hubieras tragado una bolsa de piedras.

La forma en que hablas refleja lo que hay en tu corazón. Tus palabras deben mostrar lo que te diferencia de las personas que no conocen a Cristo.

Que tus palabras estén llenas de gracia y bondad. No lastimes a los demás con lo que dices, incluso si solo estás bromeando. A veces tus esfuerzos por hacer reír a tus amigas pueden ser a expensas de alguien más.

Querido Señor:

Me gusta hacer reír a mis amigas, pero no quiero hacerlo burlándome de otros o lastimando a alguien más. Ayúdame a tener cuidado con lo que digo.

Amén

QUE SU CONVERSACIÓN sea siempre con gracia, SAZONADA con SAL, para que SEPAN cómo deben responder a CADA PERSONA.

COLOSENSES 4:6 (NBLA)

Zona libre de quejas

De acuerdo, le has pedido a Jesús que entre en tu vida y te está yendo bastante bien teniendo tus tiempos devocionales, orando, asistiendo a la iglesia y al grupo de adolescentes. Parece que las cosas van bastante bien en tu vida, pero ¿cómo te está yendo en el área de no quejarte ni discutir?

Protestar resulta muy natural para algunos: se quejan de otras personas, de los trabajos que les mandan hacer, de las responsabilidades, de la falta de libertad. Y en cuanto a discutir, bueno, las relaciones familiares y las amistades son casi imposibles sin algunas discusiones.

Sin embargo, lo que te destacará de los demás y hará brillar como una estrella, es si justamente no haces esas cosas. ¡Eso refleja que Cristo está en tu vida!

Querido Señor:

Reconozco que quejarme y discutir son actitudes muy naturales en mí. Te pido que me ayudes a cambiarlas.

Amén

No envidies

Querer lo que otra persona tiene solo traerá problemas. Si dejas que tus pensamientos se queden en ese «deseo», muy pronto eso será lo único en lo que podrás pensar. Deseas tener la ropa, la casa, las «cosas» y los talentos de tu amiga, tal vez hasta a sus padres y, antes de que te des cuenta, tu amistad con ella se acabó.

La envidia destruye todo a su alrededor: se infiltra en todas tus actitudes, arruina las amistades y las relaciones con tu propia familia o amigas. En definitiva, cualquier persona que creas que puede estar impidiéndote tener lo que quieres.

No dejes que la envidia tome el control de tu mente; después de todo, ¿quién quiere tener huesos podridos? ¡Siéntete en paz con lo que tienes y con quien eres!

Querido Dios:

Admito que esto me resulta difícil, porque hay cosas que quiero, pero no tengo. Ayúdame a estar contenta con quien soy y con lo que tengo.

Amén

Enfoque del corazón

¿Qué es lo más importante en tu vida en este momento? ¿Tus amigas? ¿La música? ¿Los deportes? ¿No estás segura de qué responder? Bueno, ¿en qué gastas la mayor parte de tu tiempo y energía? ¡Bingo! Ahí es donde está tu tesoro.

Puedes pensar que tu corazón está enfocado en una cosa: en conocer y servir a Dios o incluso a tu familia, pero si no dedicas tiempo a eso, entonces te estás engañando a ti misma.

¿Qué significa que tu corazón esté en el mismo lugar que tu tesoro? Bueno, piénsalo: cualquier cosa en la que enfoques tu tiempo y tus pensamientos se convertirá rápidamente en lo más valioso de tu vida. Asegúrate de que tu corazón esté concentrado en lo que valga la pena.

Querido Señor:

Lo más preciado en lo que puedo pensar es en Ti. ¡Ayúdame a enfocarme en Ti!

Amén

Nos necesitamos unos a otros

Las personas se necesitan unas a otras porque Dios nos creó para vivir en comunidad. Tú sabes que a veces la vida se complica, te cansas y te desanimas. Por eso significa mucho para ti cuando una amiga te da una palabra de aliento: esa palabra puede ser lo que te mantenga en pie por unos días más. Tú también puedes ser alguien que anime a otros. Cuando veas a alguien que necesite aliento o simplemente una amiga, ¡apóyala!

Tómate un tiempo para animar a otros todos los días: a veces es una amiga y otras veces puede ser algún miembro de tu familia. Ayuda a cualquiera que esté pasando por un momento difícil, ¡y recibirás gozo a cambio de ayudar a alguien que amas o de hacer una nueva amiga!

Querido Señor:

Te pido que me ayudes a prestar atención a quienes me rodean y a estar presente para cualquiera que precise mi ayuda.

Amén

Paz

¿Qué tipo de imagen trae a tu mente la palabra «paz»? ¿Una pradera con pastos que se mecen suavemente por la brisa? ¿Quizás un bebé durmiendo plácidamente? ¿Qué tal una hermosa puesta de sol sobre un lago tranquilo?

Las imágenes de paz no suelen incluir actividades como una carrera de autos. ¿Cómo se ve la paz interior o, siendo más realistas, cómo se siente? Tranquila, confiada, sin ansiedad ni temor.

Dios quiere que Sus hijos anden tras ese tipo de paz: que la busquen y traten de hacerla parte de su vida. Una paz como esa, diferencia a los hijos de Dios del resto del mundo.

Querido Señor:

Creo que debe ser importante lo que este versículo afirma: hay que apartarse del mal antes de buscar la paz. Por eso, ayúdame a hacer el bien y a buscar la paz.

Amén

18 DE JULIO

Lecciones de vida

¿Por qué los maestros tienen que darnos tanta tarea? Ya se vuelve pesado, ¿verdad? Por supuesto, la razón por la que tienes tarea es para ayudarte a aprender; funciona, aunque no estés de acuerdo. Bueno, si quieres aprender a ser una mejor persona, tiene sentido que permitas que Dios te enseñe.

A veces las lecciones son difíciles, pero te preparan para vivir con otras personas y tratarlas con amabilidad y amor.

Las lecciones de Dios también te enseñan a obedecerlo y a servirlo, y tu tarea para el hogar es leer Su Palabra y hablar con Él.

Querido Dios:

Realmente quiero aprender cosas nuevas, así que no me negaré a hacer la tarea que me des. Te pido que me ayudes para aprender rápidamente lo que me enseñas.

Amén

DIME CUÁLES SON TUS CAMINOS. Así sabré que en verdad CUENTO CON tu favor.

Éxodo 33:13 (NVI)

Mapas de ruta

Hay un viejo chiste que dice que los hombres siempre se negarán a pedir direcciones en la calle, sin importar lo perdidos que estén. Por supuesto que no es justo decir eso, pero sí hay una lección que podemos extraer: si no sabes a dónde vas, puedes deambular en círculos por mucho, mucho tiempo sin llegar a donde quieres ir. De esa manera pierdes mucho tiempo, y seguro no quieres que eso suceda en tu vida.

¿Pero cómo descubres a dónde debes ir? Necesitas un mapa de vida con los caminos claramente marcados, entonces pídele a Dios que te muestre y Él lo hará: lee Su Palabra para obtener más instrucciones.

Lo más importante es que, cuando sepas qué camino tomar, ¡lo hagas!

Querido Señor:

¡Guíame para encontrar el camino correcto y seguirlo de cerca!

Amén

Esperar pacientemente

Esperar es una de las cosas más difíciles del mundo: hay que esperar para crecer, para conducir, para tener citas, para que tus sueños se hagan realidad. Sin embargo, puedes aprender muchas lecciones mientras esperas.

Si no te apresuras en la vida, sino que esperas a que Dios te enseñe y te muestre lo que Él quiere para ti, es posible que te sorprendas de lo que aprenderás. Pero solo oirás Su suave voz en tu corazón cuando estés quieta.

Correr de un lado a otro como loca definitivamente interrumpirá tu aprendizaje. Dios no te obligará a sentarte y esperar para escuchar Su voz. Él quiere que elijas hacerlo.

Querido Dios:

Confieso que me resulta difícil sentarme y simplemente quedarme quieta porque siempre hay algo que hacer. Te pido que me enseñes a estar quieta delante de Ti.

Amén

Perdón del bueno

Sopórtense unos a otros, **y perdónense** si alguno tiene una queja contra otro. Así como **el Señor los perdonó,** perdonen también ustedes.

Colosenses 3:13 (DHH)

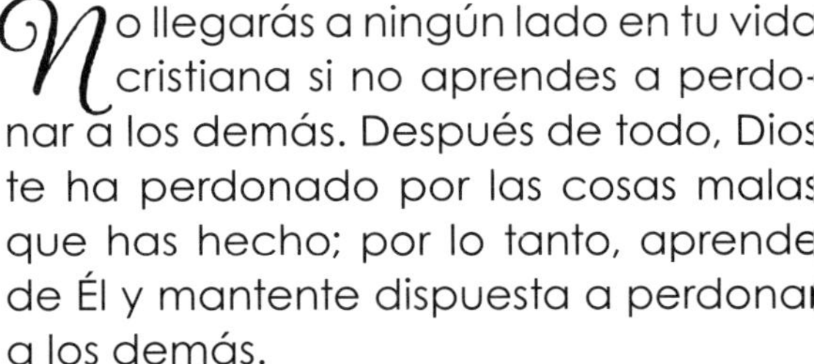

No llegarás a ningún lado en tu vida cristiana si no aprendes a perdonar a los demás. Después de todo, Dios te ha perdonado por las cosas malas que has hecho; por lo tanto, aprende de Él y mantente dispuesta a perdonar a los demás.

Ser capaz de perdonar incluso las cosas realmente malas demostrará que tienes el amor de Dios en ti.

Perdonar no es fácil; es más fácil quedarse enojada o guardar rencor contra alguien, pero tú puedes hacerlo mejor.

Cuando estás enojada con alguien perdonarlo muestra cuánto has avanzado en tu caminar con Dios. ¡Es la mejor versión de ti que puedes ser!

Querido Dios:

Te pido que me ayudes a ser misericordiosa y a perdonar. Recuérdame con qué frecuencia me perdonas por todo lo malo que hago.

Amén

22 DE JULIO

Sé como Cristo

Si sigues haciendo algo de la misma forma, seguirás obteniendo los mismos resultados. Por ejemplo, si comes comida chatarra todo el tiempo, tendrás sobrepeso. Si lees cómics sin parar, nunca aprenderás las lecciones de la escuela.

De la misma manera, debes cambiar lo que alimentas en tu mente si quieres que surjan diferentes acciones. Lo que pones en tu mente y en tu corazón se hará visible en la forma que vives y tratas a los demás.

Toma buenas decisiones, pasa tiempo con la Palabra de Dios, pídele a Dios que te enseñe con Su sabiduría. Procura convertirte en esa persona amable y considerada que muestra el amor de Dios a todos los que la rodean. Destácate entre la multitud: sé más como Cristo.

Querido Señor:

Quiero ser más como Cristo. Enséñame, por favor, ¡muéstrame cómo lograrlo!

Amén

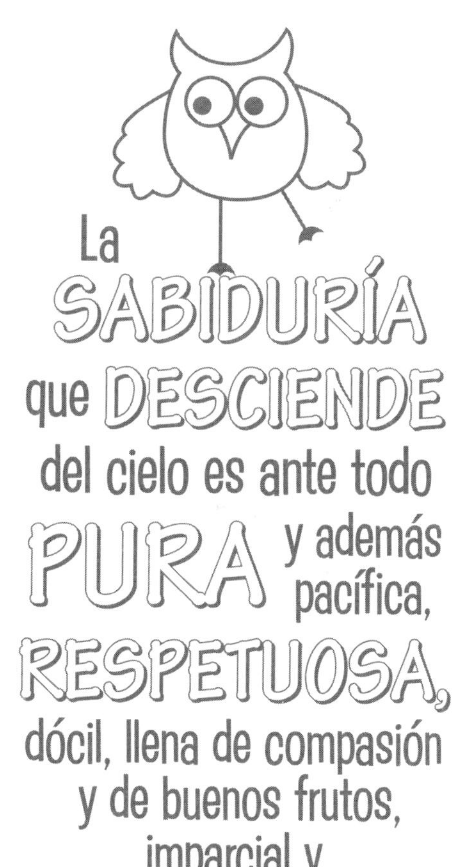

Amando a los demás

El que AMA a su hermano permanece en la LUZ y no hay nada que lo haga tropezar.

1 JUAN 2:10 (NVI)

Un mandato que se da una y otra vez en la Biblia es: «Ámense unos a otros». Cuando estás con amigas a las que les gusta hablar de otras personas, es realmente tentador sumarte a sus chismes, y se puede volver un hábito tal que ni siquiera te das cuenta de que lo estás haciendo. Eso NO es demostrar amor.

Otra situación común es que tu grupo puede volverse tan unido que otras niñas nuevas no sean aceptadas. Siempre se las deja afuera, en un lugar solitario.

Convertirse en la joven que Dios quiere que seas significará que seas cálida y amigable con todos los que te rodean. Eso te diferenciará de los demás.

Querido Señor:

No me había puesto a pensar en cómo se sentirían otras niñas si no son aceptadas en mi grupo de amigas. Ayúdame a ser amigable y a alentar a mis amigas a que también lo sean.

Amén

Diferencias

¿Qué opinas de los chicos que son «diferentes» a ti? ¿Las personas sordas o ciegas te hacen sentir incómoda? ¿Cómo te sientes acerca de los chicos en sillas de ruedas, especialmente los que tienen enfermedades que les dificultan hablar o controlar los movimientos de sus manos?

Sí, son diferentes, pero eso no te da el derecho de hacerles pasar un mal momento, burlarte de ellos o, incluso, ignorarlos.

Tómate el tiempo para conocer a alguien que sea diferente a ti: podrías descubrir a una persona realmente maravillosa. ¡Y podrías ofrecerle a una persona solitaria el regalo de tu amistad!

Querido Dios:

Admito que algunas personas me dan un poco de miedo, pero quiero superarlo. Te pido que me des la valentía para empezar una conversación con alguien que sea diferente a mí.

Amén

No maldigas al sordo ni pongas tropiezos al ciego,

TEME A TU DIOS. YO SOY EL SEÑOR.

LEVÍTICO 19:14 (NVI)

Todos tenemos dones

«Desearía poder tocar el piano como lo hace Sara». «Desearía poder hacer gimnasia como Malena». «Desearía tener el pelo rubio y lacio como Corina». «¿Por qué no puedo hablar con gente nueva como lo hace Jennifer?».

¿Te comparas siempre con otras niñas y sientes que nunca eres suficiente? Bueno, deja de hacerlo. Dios le dio a cada persona distintas capacidades, y nos dio talentos a todos. Todos somos diferentes, pero debemos trabajar juntos para hacer que la familia de Dios sea lo mejor posible. No desees que tu vida se acabe anhelando las habilidades que tiene otra persona. Pídele a Dios que te muestre qué dones te ha dado a ti: en qué eres buena y qué disfrutas hacer. ¡Luego ponte en marcha para desarrollar esos dones y así convertirte en una mejor versión de ti!

Querido Señor:

Muéstrame cuáles son mis dones y enséñame a usarlos todos los días, ¡para Ti!

Amén

Entusiásmate

El «fervor» no es una palabra que se use con frecuencia. ¿Y qué significa? Energía, entusiasmo, pasión. En otras palabras, sientes fervor por algo que realmente te apasiona. ¿Hay algo en tu vida por lo que sientes fervor? No un fervor que dura solo por un minuto o dos, sino algo real que consume tus pensamientos y energía. O quizás no tengas fervor por nada en este momento.

Bueno, Dios no quiere que ninguno de Sus hijos sea tibio en cuanto a su fe o servicio. ¡Él quiere tu fervor! Así que emociónate por lo que Dios ha hecho por ti, por cuánto te ama, por Sus planes para tu vida. No dejes que nada arruine tu entusiasmo.

Querido Dios:

No tenía idea de lo que significaba el fervor antes de leer este devocional. ¡Pero ahora quiero tener fervor por Ti! ¡Ayúdame a entusiasmarme por Ti!

Amén

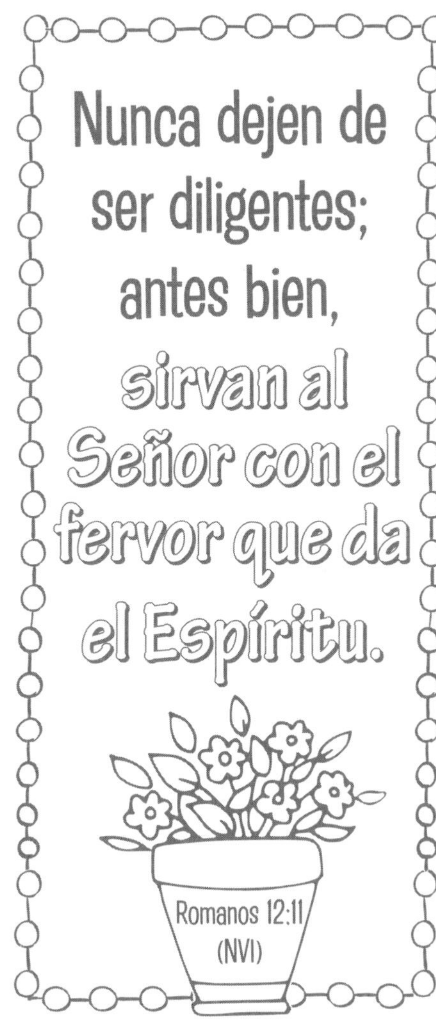

La mejor vida de todas

Este versículo es bastante serio. ¿Qué dice? Que lo más importante en la vida es glorificar a Cristo. ¿Qué significa eso? Glorificar a Cristo es cuando todo en tu vida es para Él y apunta hacia Él.

Se logra obedeciendo a Dios, viviendo según el diseño que encontramos en Su Palabra. Se hace dándole crédito por tu vida y reconociendo Su poder creativo.

¿Y qué significa la segunda parte de este versículo: «morir es ganancia»? Significa que el cielo es el regalo de Dios para Sus hijos. ¡Es el lugar más extraordinario de lo que jamás pudieras imaginar! Allí no hay tristeza, ni pecado, ni problemas, solo tiempo maravilloso con Dios. ¿No resulta increíble saber que el cielo se encuentra en tu futuro?

Querido Dios:

Hacer de Jesús el centro de mi vida y vivir para Él todos los días... bueno, para llegar a eso reconozco que todavía me queda un largo camino por recorrer. Te pido que me ayudes a lograrlo, por favor.

Amén

No hagas alarde de ti misma

Todos conocemos a alguien así. Cada grupo tiene una: esa persona que presume todo lo que hace.

Esa persona que piensa que es mejor, más inteligente, más bonita y más importante que cualquier otra. No es muy divertido estar con esa clase de personas, ¿no es cierto? La verdad es que tampoco le agradan mucho a Dios: Él es más atento con los humildes, los que animan a los demás, alentándolos a ser mejores.

Los fanfarrones se exaltan a sí mismos empujando a los demás hacia abajo y eso es muy desagradable. Así que no hagas alarde de ti misma; si lo haces, tu melodía tal vez no merezca ser escuchada.

Querido Dios:

Por favor, recuérdame esta enseñanza cada vez que me sienta tentada a alardear de mí misma. Te pido que me ayudes a ver las virtudes en los demás y a alentarlos.

Amén

Esperanza

¿Dónde está tu esperanza? Es lo que te sacará adelante cuando las circunstancias se pongan difíciles. Hay innumerables promesas en este mundo que intentan capturar tu esperanza, ¿pero realmente lo son? Los amigos son buenos, incluso maravillosos, ¿pero son dignos de tu esperanza?

La popularidad, el dinero, el éxito, la fama, todas estas cosas se presentan como dignas de tu esperanza, ¿pero serían realmente capaces de ayudarte en una crisis? ¿Vale la pena darles todo tu tiempo y energía? ¡De ninguna manera!

¡La única persona digna de tu esperanza es Dios! Diferénciate del mundo depositando tu esperanza solo en Dios. ¡Vive para Él y alábalo!

Querido Dios:

Te doy gracias por amarme y por todo lo que me das. Te alabo con todo mi corazón.

Amén

La verdad primero

«Eres mi mejor amiga». Cuando escuchas esas palabras de alguien que realmente te importa y luego descubres que no lo decía en serio... bueno, duele mucho.

A nadie le gusta que le mientan. Ni siquiera esas pequeñas mentiras piadosas como: «Sí, tu pelo se ve bien así», cuando en realidad parece un trapeador de piso descontrolado.

Las mentiras duelen. Desarrollar tu mejor versión también requiere abandonar las mentiras, incluso las del tipo: «no quiero herir tus sentimientos, así que voy a hacer un poco de trampa». Es posible ser honesta y amable al mismo tiempo, así que muestra suficiente respeto por tu familia y amigas para decirles la verdad.

Querido Dios:

Sabes que odio que alguien me mienta, y no quiero herir a mis amigas haciendo eso mismo. Ayúdame a decir siempre la verdad y a encontrar una manera amable al expresarla.

Amén

¡Para resumir!

¿Qué lecciones has aprendido sobre cómo convertirte en tu mejor versión? Hay dos fundamentos bastante básicos para que eso suceda. El número uno es amar a Dios y amar a los demás. La Palabra de Dios dice una y otra vez que lo amemos a Él y amemos a nuestro prójimo. Lo repite mucho, por lo que debe ser importante.

Lo segundo es confiar en Dios: creer en quién es Él y en lo que ha hecho por ti. No puedes amarlo realmente si no confías en Él ni puedes vivir para Él si no lo amas. Aquí hay una reacción en cadena.

Ahora bien, ¿cómo puedes crecer más en tu amor hacia Dios y aprender a confiar más en Él? Sencillo: leyendo Su Palabra, hablando con Él, pidiendo la ayuda de Su Espíritu.

Querido Dios:

Sé que deseas que alcance la mejor versión de mí misma, por eso confío en Tu ayuda.

Amén

Agosto
Alabando
a Dios

¡Alaba a Dios!

¿Has visto alguna película donde se muestran a porristas animando a la multitud que observa un partido de fútbol americano o de baloncesto? Hacen rutinas increíbles, a veces incluso se lanzan unas a otras al aire. Su energía y entusiasmo son contagiosos. Alabar a Dios es como ser una porrista para Él.

Las alabanzas de Moisés están registradas en el libro de Éxodo y en ellas él no podía enumerar suficientes virtudes sobre Dios.

Puedes alabar a Dios en privado y en público. ¡Significa reconocer todos Sus atributos maravillosos y todo lo que hace!

Querido Dios:

¡Yo también quiero alabarte! ¡Gracias por poner oraciones como esta en la Biblia para que pueda ver cómo otros te han alabado a lo largo de la historia!

Amén

Gracias por los buenos momentos

A veces la vida se pone muy difícil y hay momentos en los que parece que nada va bien. Cuando la mayoría de las personas tienen problemas en sus vidas, claman a Dios en busca de ayuda. Muchas esperan que Dios haga algo por ellas cuando tienen una crisis. Otras también están listas para culparlo por algunas de las dificultades que se les presentan.

Sin embargo, cuando todo va bien, ¿se acuerdan esas mismas personas de alabar a Dios por Sus bendiciones y por los buenos momentos en sus vidas? Mmm... a veces, pero no lo suficiente.

Recuerda ir a Dios en busca de ayuda porque Él quiere ayudarte. ¡Pero no te olvides de alabarlo cuando las circunstancias en tu vida van bien! Porque Él también quiere saber que tú valoras Su cuidado.

Querido Dios:

Te doy gracias por los buenos momentos en mi vida, porque me ayudan a sobrellevar los tiempos difíciles.

Amén

¿ESTÁ AFLIGIDO ALGUNO ENTRE USTEDES?

SANTIAGO 5:13 (NVI)

La esperanza equivale a la alabanza

Dios promete esperanza: ¡una corona de justicia que está en el cielo! ¿Sabes qué? Aunque hayas vivido la mayor parte de tu vida haciendo lo que querías y sin prestar atención a lo que Dios desea, incluso si desobedeciste a Dios a propósito y le diste la espalda por completo, puedes tener esperanza.

Eso es porque Dios mira tu corazón y sabe si tienes un anhelo por Él, un gran deseo de que Cristo regrese, de obedecerlo y complacerlo.

Él ve cuáles son tus verdaderos anhelos y te da la oportunidad de cambiar.

Querido Dios:

Te agradezco por mirar mi corazón en vez de las estupideces que hago algunas veces. ¡Quiero obedecerte y te alabo por darme siempre una nueva oportunidad!

Amén

¡Alabado sea Dios por la creación!

Dios estuvo seis días ocupado creando todo lo que hay en esta Tierra, incluyendo el planeta mismo. Él es la razón por la que tienes algo para disfrutar, algo para hacer, alguien a quien amar. Todo lo que Él tuvo que hacer fue pronunciar una palabra y las cosas comenzaron a suceder. Nada de lo que Dios hizo fue por accidente: Él pensaba en todo lo que estaba creando y, al finalizar, lo miró y decidió que había hecho un buen trabajo, porque todo resultó como Él quería.

Alaba a Dios porque pensó en cada elemento creado en este mundo. Alábale por interesarse en que lo disfrutaras. Alábale porque prestó atención a los detalles al crear este mundo espectacular.

Querido Dios:

Confieso que a veces doy por sentada Tu creación, pero ahora quiero agradecerte por el mundo que creaste. ¡Es hermoso, hiciste un gran trabajo!

Amén

Blanco como la nieve

Si alguna vez se te cayó un poco de salsa de espagueti sobre un suéter blanco, sabes que esa mancha roja será difícil de sacar. Puedes restregar y restregar y usar todo tipo de productos especiales, pero te resultará muy complicado deshacerte de la mancha. Incluso cuando la hayas lavado una y otra vez y nadie más pueda verla, tú aún puedes porque sabes dónde está.

Bueno, así es como se ven tus pecados de acuerdo con la pureza de Dios: como una mancha roja intensa que solo se desvanece a rosa. Pero la muerte de Jesús en la cruz se encargó de tu mancha, así que gracias a Él tus pecados han desaparecido, ¡y ahora te ves blanca como la nieve! ¡Alabado sea Dios por eso!

Querido Dios:

¡Guau! Te doy tantas gracias por Tu magnífico plan para deshacerte de la mancha de pecado en mi corazón. ¡Eres increíble!

Amén

6 DE AGOSTO

Alabanza sincera

La alabanza no puede ser a medias: no es una de esas actividades que «más o menos» puedes hacer. El salmista lo sabía y por eso se comprometió a alabar a Dios con todo su corazón. Incluso le dijo a Dios que lo haría contando acerca de todas las maravillas que Él hizo: por ejemplo, cómo vuela un pájaro, cómo una mariposa comienza su vida siendo una oruga o por qué el océano se mantiene dentro de los límites que Dios creó.

Puedes alabarlo por Su amor excepcional por ti, y por todas las personas que alguna vez vivieron. ¡Quizás la maravilla que te fascina es la esperanza de vivir en el cielo por la eternidad!

Sea lo que sea, alaba a Dios en voz clara y audible por Sus maravillas.

Querido Dios:

Reconozco que es bueno pensar en Tus maravillas y cuál de ellas es la más importante para mí. Te agradezco y te alabo por todas ellas.

Amén

Concéntrate en Dios

Cuando aprendas a conducir, descubrirás que, la mayoría de las veces, siempre estarás mirando adónde va el auto.

Por supuesto, mientras estás conduciendo, esa es una buena motivación para mantener tus ojos en la carretera; de lo contrario, ¡tu instructor te gritará mucho!

Este principio se traslada a tu vida cristiana: mientras mantengas tus ojos fijos en Dios, estarás bien. Pero, si permites que se desvíen hacia intereses como la popularidad, los chicos, la moda, incluso el egocentrismo (lo que sea que te aleje de Dios), bueno, tendrás problemas.

Querido Dios:

Te alabo por ayudarme todo el tiempo. Ayúdame a mantener mis ojos en Ti, quiero permanecer enfocada y no dejar que me distraigan las prioridades equivocadas.

Amén

Siempre el mismo

Hay un millón de motivos por los que podemos alabar a Dios. Sin embargo, uno de los más importantes es Su constancia. ¿Qué significa eso? Significa que Jesús nunca está de mal humor, nunca tratará de ponerte en ridículo mientras Él luzca bien.

Sabes que cuando vas a Él en oración, será exactamente el mismo que fue ayer y que será mañana. El propósito de Jesús es ayudarte a conocer a Dios y a acercarte cada vez más a Él.

Siempre recibirás lo que esperas cuando vas a Dios.

Querido Dios:

Esta verdad me llena de paz. Sé que siempre me amas, siempre consideras ciertas cosas como pecado y te complacen otras.

Amén

9 DE AGOSTO

Él oye, se preocupa y actúa

BUSQUÉ AL SEÑOR y él ME RESPONDIÓ; ME libró DE TODOS MIS TEMORES.

SALMOS 34:4 (NVI)

«¡Mi héroe!». Eso es justo lo que las jovencitas en peligro le decían a sus rescatadores en las películas de antes. Cuando alguien te salva de una amenaza o riesgo, se convierte en tu héroe y lo llenas de palabras de gratitud y por lo general, también les cuentas a otros sobre sus buenas acciones.

¿Alguna vez fuiste a Dios cuando tenías miedo y luego te diste cuenta de que Él te ayudó a superar esa situación difícil?

¿Te diste cuenta de que Él no solo te ayudó, sino que escuchó tu oración y se preocupó por lo que estabas enfrentando? Esa es ciertamente una buena razón por la que alabar a Dios. Él te oye, se preocupa y actúa. ¡Alabado sea Dios!

Querido Padre:

Estoy tan agradecida de que escuches mis oraciones y que las respondas. ¡Gracias!

Amén

El Espíritu Santo te ayuda

Una escena típica en las películas antiguas es cuando los malos superan en número a los buenos. Se está librando la batalla y se vuelve desesperante para los buenos. Pero de repente, ¡llega la caballería al rescate! ¡Derrotan a los villanos y salvan el día!

Ah... si tan solo la vida fuera como en las películas. Bueno, ¡tal vez lo sea! Tampoco tienes que luchar contra el villano por tu cuenta. Aquí tienes la primicia: cuando entregaste tu vida a Jesús, te convertiste en Su hija y Él te ayudará a proteger tu corazón.

El Espíritu Santo cabalgará sobre la colina y luchará contra quien sea y lo que sea que te amenace, ¡solo clama a Él! ¡Alabado sea Dios por la caballería!

Querido Dios:

Me conmueve saber que no estoy sola. Te doy las gracias por el Espíritu Santo y por toda Su ayuda.

Amén

¡Un perdón asombroso!

Alabado sea Dios por Su perdón. Eso es algo que Él tiene que hacer una y otra vez por la mayoría de nosotros.

Detente y piensa en lo herida y enojada que te sientes cuando una amiga lastima tus sentimientos, ¡más aún si fue a propósito! Cuesta mucho perdonarla, ¡especialmente si debes hacerlo más de una vez! Piensa realmente en el acto de perdonar: ¿no es difícil?

Ahora, ¿te das cuenta cuán increíble es que Dios está continuamente dispuesto a perdonarte? ¡Él te ama tanto!

¡Tómate un tiempo para agradecerle y alabarlo por Su perdón!

Querido Dios:

Admito que no lo merezco: Tú perdonas mis errores y mis actitudes egoístas una y otra vez. ¡Realmente no lo merezco, pero te agradezco tanto por hacerlo!

Amén

Cerca de ti

Las estrellas de cine, los atletas, los políticos: todos viajan con una comitiva que los acompañan, lo que significa que resulta casi imposible acercarse a ellos. Si esperas horas en una multitud para ver a tu cantante favorito, probablemente tendrás que mirarlo a través de un grupo de guardaespaldas. Pareciera que, si es tan complicado acercarse a las celebridades, entonces sería casi imposible acercarse a Dios, el Creador de todo. Bueno, ¡alábalo porque eso no es verdad!

Esto es tan asombroso: Dios, el Creador del universo; Dios, que escucha las oraciones de toda la humanidad; Dios, que se ocupa de todo tipo de desastres naturales y cosas realmente serias, está cerca de ti y te ama.

Querido Dios:

Cada vez que pienso en tu grandeza me sorprende que, incluso con todos los asuntos importantes que tienes, también te preocupas por mí. ¡Gracias!

Amén

Luz en la oscuridad

¿Alguna vez intentaste encontrar el camino en una habitación oscura, tan oscura que ni siquiera puedes ver tu propia mano frente a ti? Bastante aterrador, ¿no es cierto? Tratar de caminar sin poder ver si hay una superficie segura donde apoyar tus pies es inquietante.

Crecer a veces se puede sentir así: hay muchas decisiones para tomar sobre qué tipo de persona vas a ser y cuáles son las acciones correctas. Las opciones que te atraen se sienten como si estuvieras caminando en total oscuridad y el camino correcto se hubiera perdido.

La luz de esperanza es Dios: búscalo, y el camino correcto se iluminará para ti. Quizás no sea tan brillante como la pista de aterrizaje de un aeropuerto, pero podrás verlo en la oscuridad.

Querido Señor:

Te alabo por ser la Luz, porque Tu luz me ayuda a encontrar el rumbo en los momentos oscuros de mi vida.

Amén

Amor extraordinario

«Ahhh, el dulce amor». Ahora di la verdad: ¿hay algún chico con el que pases tiempo soñando despierta, pensando en cómo sería saber que él te ama? Todos queremos ser amados y saber que somos especiales para alguien. No hay nada malo en eso. Pero, en medio de esa fantasía, no olvides que ya hay Alguien que te ama más de lo que puedes imaginar (además de tu familia).

Las palabras de Juan 15 fueron dichas por Jesús. Piensa en lo que está declarando: de la misma manera que Su Padre lo ama a Él, ¡Él te ama a ti! ¡Ese es un amor completo, total, sin límites! Un amor que te cuida, se preocupa por ti y que nunca, nunca se desvanecerá. ¡Es increíble!

Querido Dios:

Me cuesta comprender que me ames tanto, ¡pero estoy tan agradecida de que lo hagas! Te alabo por Tu asombroso amor.

Amén

15 DE AGOSTO

Amor en acción

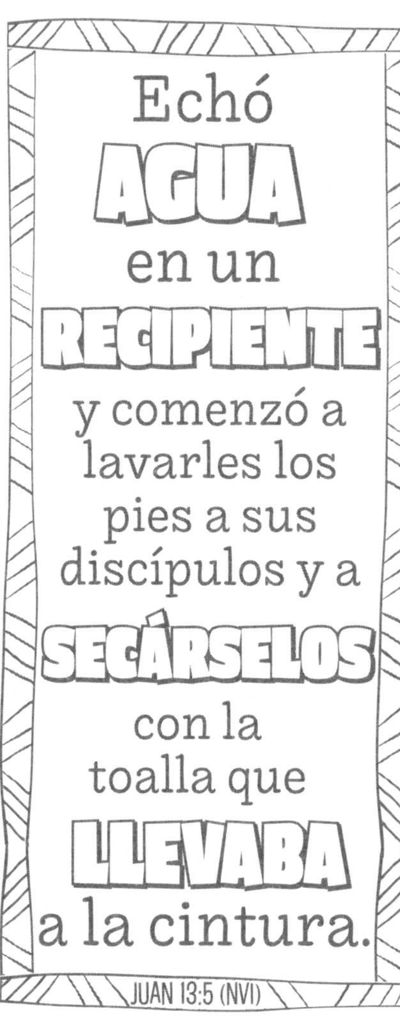

Jesús no solo enseñó con palabras, también enseñó dando el ejemplo: Él quería que Sus discípulos comprendieran lo importante que es realizar tareas para otros que no son sencillas; acciones que algunos consideran inferiores o que no les corresponde hacer.

Lavar los pies era una tarea que los siervos generalmente hacían, era algo que uno de Sus discípulos debería haber hecho por Jesús... pero ninguno lo hizo.

Dios incluyó historias como esta en la Biblia para enseñarnos que a veces es importante ensuciarse las manos y hacer los trabajos que nadie más quiere hacer. Haz algo por alguien más que demuestre lo importante que es para ti.

¡Sigue el modelo de Jesús y recuerda alabarlo por ser ese Ejemplo!

Querido Dios:

Te alabo por ejemplos como el que nos diste. Te pido que me ayudes, haré todo lo posible por seguir Tus pasos.

Amén

Extiende la mano y toca

«Extiende la mano y toca a alguien», solía ser el eslogan publicitario de una gran compañía telefónica. Las personas anhelan ser tocadas porque el toque humano transmite amor y aceptación. Mira lo que hizo Jesús: un leproso se acercó a Él y le pidió ser sano.

La lepra es una enfermedad altamente contagiosa y se transmite al tocar las llagas de un leproso. En los días de Jesús, los leprosos tenían que vivir lejos de sus familias y NADIE quería tocarlos.

Jesús podría haber sanado al hombre con solo una palabra o incluso un pensamiento, no necesitaba tocarlo, pero lo hizo. Alabado sea Dios porque se preocupa lo suficiente como para acercarse y tocarte. ¡Eso es amor verdadero!

Querido Dios:

Te doy gracias por amarme tanto. Lo que hizo Jesús me ayuda a saber que nunca te alejarás de mí.

Amén

A Él le importa

Puede ser fácil pensar que Dios está tan ocupado con los asuntos «grandes» de este mundo que realmente no tiene tiempo para preocuparse por las cargas de nuestros corazones. Pero eso simplemente no es cierto: a Dios le importa cuando tu corazón está sufriendo.

Jesús conoció a una mujer que era viuda; la única familia que le quedaba en el mundo era su hijo que acababa de morir. Ella estaba yendo a sepultarlo cuando Jesús la encontró.

Lee el versículo nuevamente: el corazón de Jesús se conmovió por ella, se interesó por su aflicción. Si le importó su sufrimiento, puedes estar segura de que Jesús se preocupa por tu dolor también. ¡Alábalo porque a Él le importa cuando tu corazón está angustiado!

Querido Dios:

Te agradezco porque me cuidas. ¡Me asombra saber que te preocupas cuando estoy sufriendo!

Amén

Sin excusas

Intenta decirle a tu profesora: «Uh, no sabía que tendríamos un examen». No, no funcionará porque ella sabe que eso significa que no prestaste atención. Puedes decir a tus padres: «Uh, no sabía que debía limpiar mi habitación». No, tampoco funcionará porque las reglas de la casa no son nuevas para ti.

Incluso puedes intentar decirle a Dios: «Uh, no sabía que me ayudarías». No, no funcionará porque aquí tienes la promesa de que Él lo hará: todo lo que tienes que hacer es pedir y Dios te dará lo que necesitas. Búscalo y lo encontrarás.

¿Lo entiendes? Él quiere ayudarte, pero primero quiere que le pidas ayuda. Es de no creer: ¡Dios mismo quiere que le pidas ayuda!

Querido Dios:

¡Te doy gracias infinitas! ¡Es increíble que me ames tanto!

Amén

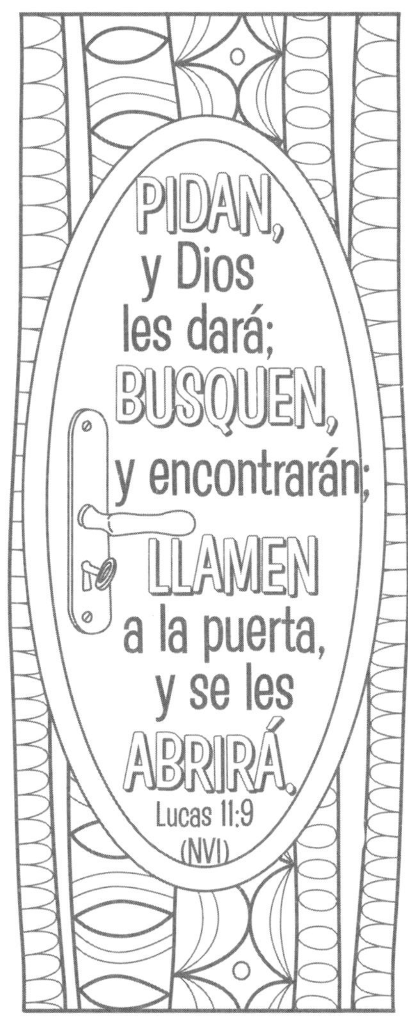

El regalo más maravilloso

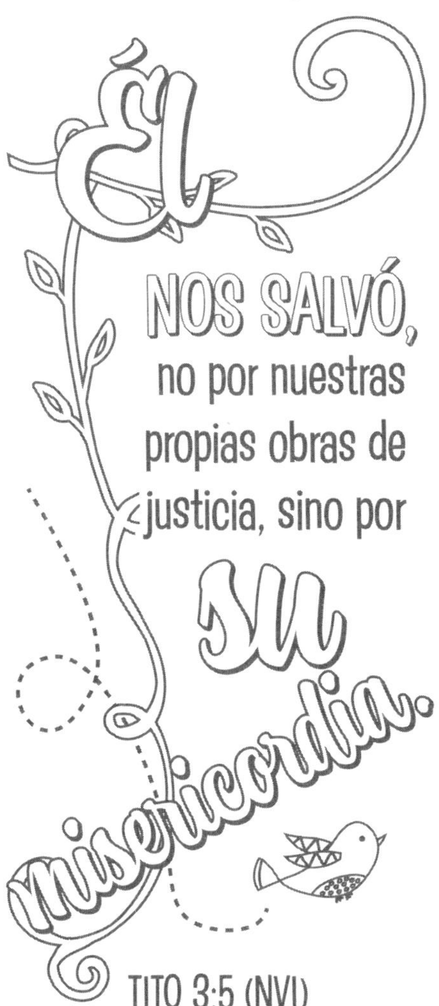

Crees que estás muy a la onda, ¿verdad? ¿Crees que tienes todo bajo control y que estás en el grupo de «las más geniales»? ¿Te crees un poco mejor que las demás niñas? Bueno, baja a la tierra: tú no tuviste absolutamente nada que ver con lo más increíble que te ha pasado o que te sucederá jamás.

El nivel más alto que podrías alcanzar es ser miembro de la familia de Dios: eso ocurrió cuando fuiste salva, y es algo que definitivamente no merecías.

Dios te salvó solo porque te ama, no porque te lo hayas ganado. Alábalo por la salvación que recibiste: es el regalo más extraordinario y fue completamente inmerecido.

Querido Padre:

Estoy tan agradecida por Tu asombrosa salvación. ¡Eres admirable!

Amén

Hecha a mano

¿Alguna vez trabajaste muy duro para crear algo? Tal vez hiciste una pieza de cerámica, pintaste un cuadro, escribiste una historia... lo que fuera... te sentías increíblemente orgullosa de tu obra y la protegías, ¿verdad? Querías que otros la respetaran y tuvieran cuidado con ella.

Bueno, ahora ponte tú misma en ese lugar: eres una obra de Dios. Él te creó y es muy protector contigo. Quiere que tanto tú como los demás tengan cuidado contigo.

Fuiste creada con un propósito en mente, ¿no es magnífico? Puedes hacer algo para Dios, un proyecto que Él planeó solo para ti.

Querido Dios:

Me resulta tan sorprendente que me hayas creado y estés orgullosa de Tu obra! También me emociona saber que hay una tarea o misión que puedo hacer por ti.

Amén

Una nueva versión de ti

De acuerdo, esto puede parecerte bastante asqueroso: ¿sabías que las serpientes mudan su piel y les crece una nueva? Sí, simplemente se arrastran fuera de la vieja y en pocos días tienen una piel nueva, ¡qué asombroso!

¿Puedes tú cambiar de piel? En cierto modo sí: cuando invitaste a Jesús a entrar en tu vida, Él te hizo completamente nueva. La antigua versión de ti, la que no le prestaba ninguna atención a Dios y solo hacía lo que quería, se fue.

En su lugar ahora está la nueva versión: la que se interesa por Dios, quiere obedecerlo y vivir la vida que Él desea. ¿No es alucinante? ¡Eres una nueva criatura, gracias a Cristo!

Querido Dios:

Esto me parece impresionante: te doy las gracias por hacerme una persona nueva, ¡completamente nueva!

Amén

Siempre disponible

Cuando necesitas ayuda extra de tu profesora con las matemáticas, ¿acaso tienes que pedir una cita para verla? No puedes simplemente pasar por su casa un domingo a la tarde, ¿verdad? ¿Qué tal una cita con el dentista? Tienes un terrible dolor de muelas, pero no puedes ver a tu dentista hasta una semana después del martes, qué fastidio.

Aquí tienes un dato genial: no tienes que pedir una cita para encontrarte con Dios. Él no cumple un horario estricto de oficina de 9 de la mañana a 5 de la tarde. Él está disponible para ti todos los días, de hecho, cada momento de cada día y de cada noche. Él está ahí para ayudarte con tus problemas, para quitártelos de encima y ocuparse de ellos por ti.

Querido Señor:

Estoy tan agradecida de poder acudir a Ti en cualquier momento del día o de la noche y saber que estás conmigo. ¡Muchas gracias!

Amén

Un amor que no cambia

No hay muchas certezas absolutas en este mundo, situaciones o personas en las que puedas confiar siempre: los amigos te fallan de vez en cuando y los objetos sin duda se estropean.

Lo único con lo que puedes contar una y otra vez es con el amor de Dios por ti. Cuando todo lo demás se derrumba, cuando te sientes total y completamente sola, puedes contar con la verdad de que Dios está ahí, amándote como siempre. Su amor constante es el fundamento sobre el que puedes construir el resto de tu vida.

Alábalo por Su amor, que es permanente, puro e infalible. Es un amor que nunca cambia y siempre puedes contar con él.

Querido Dios:

Te alabo por Tu amor. Aunque no siempre soy fácil de amar, Tú siempre me amas. ¡Te doy las gracias por eso!

Amén

Fuerza y paz

«Es demasiado difícil, ¡no puedo hacerlo!». ¿Alguna vez dijiste eso? ¿Sobre qué? ¿sobre las matemáticas, una clase de gimnasia, ser amable con alguien que se portó mal contigo? Todos enfrentamos situaciones complicadas: son distintas para cada uno, pero complejas al fin y al cabo.

¿Sabías que tienes un arma secreta a la que puedes recurrir? ¿Un arma secreta? Sí: es Dios. No tienes que enfrentar las situaciones difíciles tú sola, porque la fuerza de Dios que creó el universo dividió las aguas del mar Rojo y resucitó a Jesús, es la fuerza que está a tu disposición.

Todo lo que tienes que hacer es pedírsela a Él, que está esperando ayudarte. Por supuesto, una vez que tienes Su fuerza, junto con ella viene la paz a tu vida.

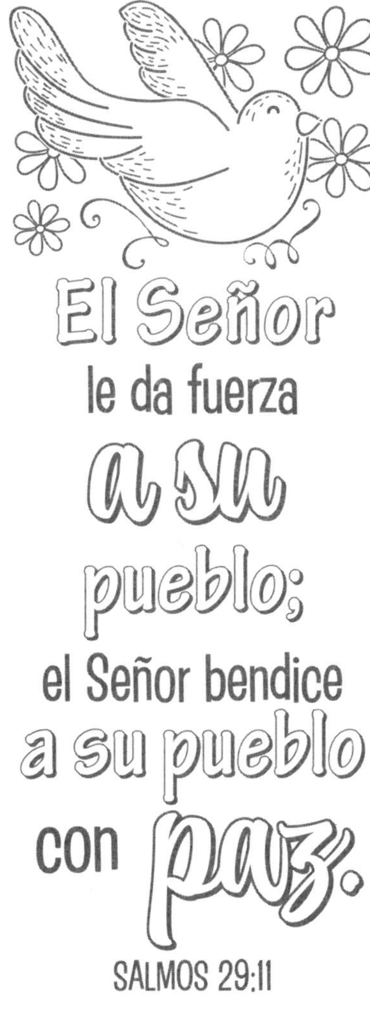

Querido Señor:

Te doy las gracias por Tu fuerza y tu paz. Estoy muy agradecida de que estés en mi vida.

Amén

Un ejemplo a seguir

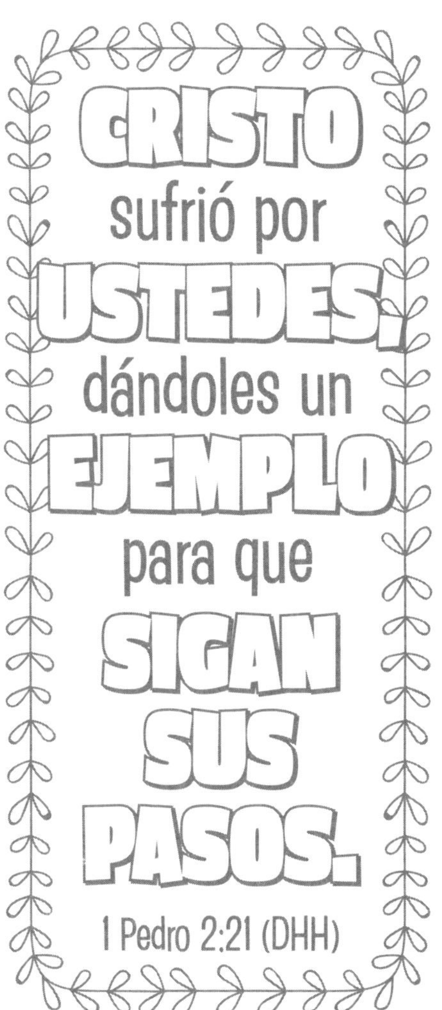

Todo es más sencillo de hacer si tienes un modelo a seguir. Cuando estás haciendo una receta nueva, resulta más fácil si hay imágenes. Cuando estás aprendiendo un juego nuevo, ayuda seguir las instrucciones. Si estás aprendiendo una nueva pirueta de gimnasia y alguien te la muestra primero, puede servirte mucho.

Vivir la vida cristiana a la manera de Dios puede ser un poco confuso. Por eso, tener un modelo a seguir es de gran ayuda: Jesús caminó en esta tierra, tuvo que tomar decisiones, fue tentado, tuvo que tratar con personas difíciles, tuvo que elegir apartar tiempo de oración; básicamente todas las situaciones con las que tú tienes que lidiar. Él nos dejó un ejemplo a imitar. Sé como Jesús y tu vida será mucho más sencilla.

Querido Padre:

Te doy gracias por el ejemplo que me dejó Jesús. Me sirve mucho tener un modelo a quien puedo seguir.

Amén

Tu guardaespaldas

¡Alabado sea Dios por cuidarte! No hay absolutamente nada que lo tome por sorpresa. Él sabe de cada situación complicada que enfrentaste o que alguna vez enfrentarás. Si tu familia se está desintegrando porque tus padres pelean todo el tiempo, Él lo sabe. Si alguien a quien amas se está muriendo, Él lo sabe. Si te sientes sola, Él lo sabe.

Escucha esto: no estás sola. Él está contigo en todas esas circunstancias difíciles y, por más duras que sean, no te matarán. Él es tu Dios y te está cuidando, aférrate a Él y alábalo por estar contigo.

Querido Dios:

Reconozco que a veces tengo miedo y otras veces me siento sola. Te doy gracias por recordarme que estás conmigo y cuidándome siempre.

Amén

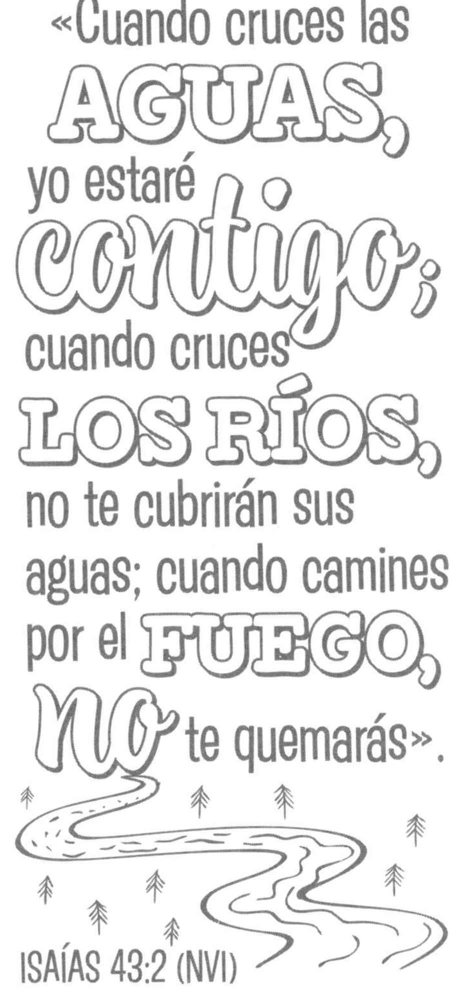

¡Alábale!

Dios nos da tanto, ¡nos da todo! Creó esta tierra para que vivas en ella y el sol para calentarla. Llenó el cielo nocturno de estrellas hermosas, hizo los océanos, las montañas, los ríos, las flores. Creó a las mariposas, los cachorros, los gatitos y a los ponis. Creó a las familias para que nos amen y nos cuiden, nos dio amigos para llenar vuestra vida de risas.

¿Qué otras cosas puedes agregar a la lista? ¿Cómo respondes a todo lo que Dios te ha dado? Él quiere que lo hagas con alabanzas.

Celebra Su bondad y amor contándoles a otros sobre Él. ¡Alábale!

Querido Padre:

Te alabo por tus increíbles regalos. Te alabo por cuidarme y por quién eres Tú.

Amén

Paciencia

Las pruebas de selección pueden ser muy estresantes. Si alguna vez has hecho una prueba para formar parte de un equipo deportivo, o una audición para integrar un equipo de baile o de porristas, sabes lo agotador que es: hay una cierta cantidad de cupos para llenar y no todos los que hacen la prueba formarán parte del equipo. La realidad es que los entrenadores no quieren que todos entren, solo los mejores.

Gracias a Dios que Él no es así: Él quiere que todos sean parte de Su familia. Alábalo por Su paciencia, porque está esperando que más y más personas vengan a Él y quiere que todos vivan la eternidad con Él en el cielo.

Padre querido:

Estoy tan agradecida de que me hayas esperado para entrar a Tu familia, y de que mis parientes y amigas que no te conocen todavía tengan la oportunidad de elegirte.

Amén

Amor eterno

La manera más fácil de «mostrar amor» es contribuyendo con dinero para que las víctimas de algún desastre puedan reconstruir sus vidas, o siendo voluntaria en tu iglesia.

Pero hay otra manera más personal de demostrar amor y es lo que Dios hizo por ti: entregó a Su Hijo más preciado por ti, ¡a Su único Hijo! Dios ciertamente podría haber ideado un plan para salvar al mundo sin tener que renunciar a Su Hijo.

Sin embargo, Él quería que supiéramos cuánto nos ama y por eso, nos entregó a Aquel a quien más ama.

Querido Dios:

Sabía que enviaste a Jesús, pero nunca había pensado en cuánto amor eso me demuestra. ¡Gracias por amarme tanto!

Amén

Él entiende

Deja de quejarte de lo complicada que es tu vida y de que nadie comprende lo que estás lidiando, porque Jesús sí te entiende. Él pasó cuarenta días con Satanás que lo bombardeaba con una tentación tras otra. No comió ni bebió nada durante todo ese tiempo; estaba cansado y débil y Satanás nunca lo dejó solo.

Él sabe cómo se siente la tentación y que cuando estás cansada, es difícil combatirla. Sin embargo, puedes confiar en Jesús para que te ayude, porque Él sabe lo que estás pasando.

Alaba a Dios por este plan: significa que Jesús puede identificarse con tus luchas y puede ayudarte porque te entiende.

Querido Dios:

Estoy segura de que fue difícil permitir que Jesús atravesara esas situaciones, pero te doy gracias por eso, porque hace una gran diferencia el saber que Jesús me comprende.

Amén

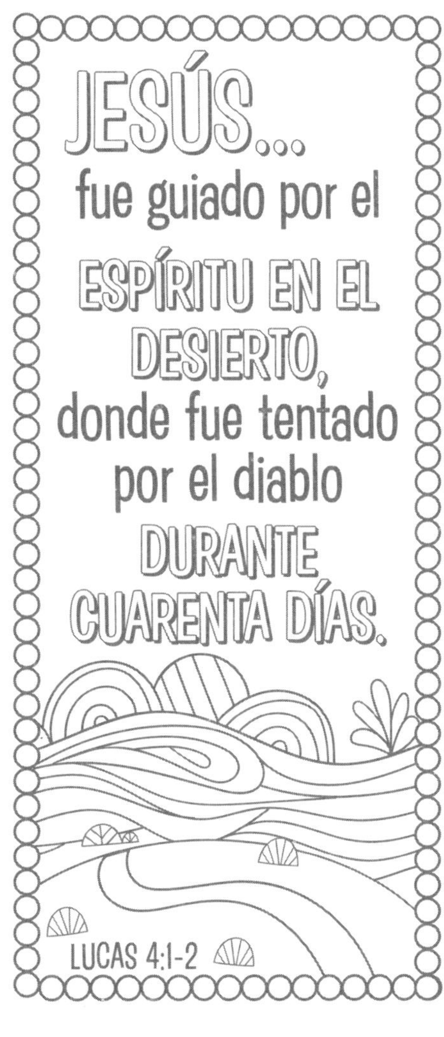

31 DE AGOSTO

Alabado sea Dios

QUE TODOS ALABEN EL NOMBRE del SEÑOR, PORQUE SU NOMBRE ES muy grande; ¡SU GLORIA ESTÁ POR encima de la TIERRA Y EL cielo!

SALMOS 148:13

Toma en serio el alabar a Dios. El Salmo 148 nos muestra que toda la creación lo alaba: los océanos, los cielos, las montañas y las criaturas. Ahora sé sincera contigo misma: ¿cuánto tiempo pasas hablando de tu banda o estrella de cine favorita? ¿Cuánto de tu conversación es sobre un chico lindo?

Solo Dios es digno de tu alabanza, así que permítele que la oiga: canta alabanzas sobre Su amor, poder, cuidado, perdón y protección. Alábalo por la manera en que vives. Alábalo ante los demás. ¡Alábalo siempre de todas las formas posibles!

Querido Padre:

Confieso que paso más tiempo pidiéndote cosas que alabándote, y te pido perdón por eso ¡Te alabo por todo lo que eres y todo lo que haces!

Amén

Septiembre
Eligiendo las
prioridades

¡Número uno!

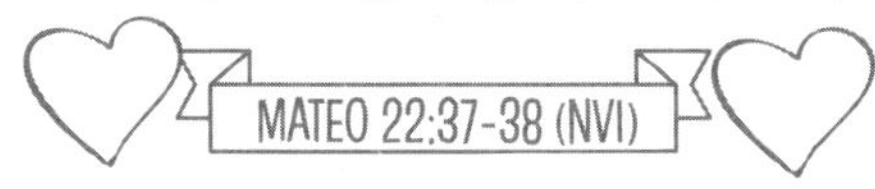

¿Alguna vez te preguntas qué es lo realmente importante en la vida? Después de todo, te lanzan tantas ideas, especialmente en las publicidades: «¡Adelgaza!». «¡Ponte estos jeans!». «¡Escucha esta música!». Pon las cosas en perspectiva. Lo que has estado considerando como lo más valioso del mundo, probablemente no lo es.

Quizás te cueste creer que haya algo más importante que ser popular, pero estos versículos muestran que nada debería tener más prioridad para ti que amar a Dios completamente. Nadie dice que los amigos no sean importantes, pero mantenlos en perspectiva. Cuando amas a Dios con todo tu corazón, alma y mente, nada estará por encima de Él.

Querido Dios:

Ayúdame a ordenar mis prioridades: quiero que Tú seas el Número Uno en mi lista de prioridades.

Amén

Prioridad número dos

Cuando llega la hora de la verdad, la mayoría declara que Dios es poderoso e importante, pero después de Dios, ¿qué sigue en segundo lugar? La Biblia dice que el segundo lugar es el prójimo.

Ahora bien, aquí viene lo curioso: amar a los demás como te amas a ti misma.

¿Qué significa eso? Básicamente, te preocupas por ti, te proteges, te pones guapa. En resumen: te cuidas. Dios dice que, del mismo modo, hagas eso por los demás, y no solo por tus amigas. Se refiere incluso a personas que no conoces del todo o que no te caen tan bien.

Oye, no es fácil, pero siempre puedes pedirle ayuda a Dios.

Querido Dios:

¡Necesito tu ayuda!, porque conozco a algunas personas a las que no me resulta sencillo amar.

Amén

Algo bueno

¡Cuán bueno, SEÑOR, es darte gracias y entonar, oh Altísimo, salmos a tu nombre; proclamar tu gran amor por la mañana y tu fidelidad por la noche.

SALMOS 92:1-2 (NVI)

Bueno, es hora de que seas honesta contigo misma: ¿te cansas cuando otras personas (mayores) te dicen constantemente lo que tienes que hacer? Sé sincera: ¿sientes que a veces no tienes la oportunidad de poner tus propias prioridades porque alguien más lo hace por ti? Sí, puede que por momentos te sientas así.

Sin embargo, hay algo sobre lo que sí tienes el control y es tu corazón. Aunque otros dirijan tu tiempo, no pueden controlar lo que siente tu corazón. Por ejemplo, debes decidir si alabarás a Dios o no.

Ahora tienes la oportunidad para decidir con madurez: comienza y termina tus días alabando a Dios. Es bueno hacerlo.

Querido Dios:

Quiero que alabarte sea lo primero que piense por la mañana y lo último por la noche. ¡Te alabo!

Amén

4 DE SEPTIEMBRE

Tu elección

¿Qué tipo de música escuchas? Vamos, di la verdad: ¿cuál es la letra? ¿Qué exalta y honra lo que dice la canción?

Bueno, ¿y qué tipo de películas o programas de televisión miras? ¿Qué mensaje transmite sobre los estilos de vida y las decisiones? El mundo se ocupa de bombardearte con basura, con prioridades pecaminosas.

Si vivir para Dios y obedecerlo será una prioridad para ti, tendrás que elegirla. Presta atención a lo que aprendiste en la escuela dominical y en la iglesia, y decide apartar tiempo para leer Su Palabra, escuchar canciones que hablen de Él y hablar con Él. Tendrá que ser una elección de tu parte y está en tus manos.

Querido Dios:

Nunca había pensado en cómo alimento mi mente a través de la música, las películas y la televisión. Quiero que Tú seas mi prioridad: dame fuerzas para que siempre Te elija.

Amén

5 DE SEPTIEMBRE

Confía en Dios

SE LES LLENE DE ANGUSTIA; CONFÍEN EN DIOS Y CONFÍEN TAMBIÉN EN MÍ».

Puede que estés pensando: «¿Que no deje que mi corazón se angustie? El que dijo eso debe estar loco». ¿Crees eso? Bueno, entonces ¡estás llamando loco a Jesús! Pues sí, porque Él lo dijo, ya que sabía que tu vida se volvería difícil algunas veces.

Jesús comprende a la gente, y Él sabía que pondrías tu esperanza de mejorar las situaciones en otras personas o en las cosas. También quería que supieras que nada de eso puede darte paz, sino solo confiar en que Él puede calmar tu corazón afligido. No es sencillo cambiar el foco de tu confianza, pero tienes que empezar por algún lado.

Cree que Dios sabe lo que está sucediendo, y cree que Él puede hacer algo para ayudarte. Así que confía en Él.

Querido Dios:

Te pido que me ayudes a empezar a confiar en Ti. Ya sé que confiar en otros no funciona; ahora quiero aprender a confiar en Ti.

Amén

Siempre aprendiendo

Desde los primeros pasos de un bebé hasta la independencia del adolescente, el mundo cambia constantemente. Tener más libertad significa que tomas más decisiones, lo que requiere mayor enseñanza y guía. Tú estás creciendo y las decisiones que tienes ante ti son más importantes que cuando eras niña.

Te enfrentas a opciones que van desde salir con chicos y fumar hasta con quién eliges juntarte, lo que piensas de Dios, cómo tratas a los demás y cómo te ves a ti misma.

El mejor lugar para buscar guía en este recorrido es el Señor, así que pídele ayuda y pon tu esperanza en Él.

Querido Dios:

Parece que siempre hay algo que aprender, pero quiero aprender de lo que Tú me enseñes. Por favor, guíame.

Amén

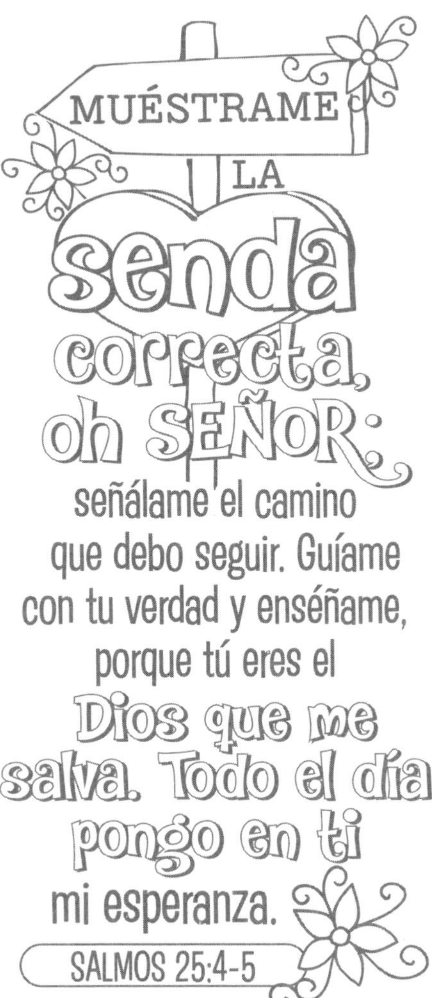

7 DE SEPTIEMBRE

Dios te equipa

> Que el DIOS DE PAZ... los haga a ustedes PERFECTOS y buenos en todo, para que cumplan su VOLUNTAD.
>
> HEBREOS 13:20-21 (DHH)

Imagínate la situación: entras en una habitación oscura, pulsas el interruptor y el lugar se ilumina por completo. La luz siempre está ahí, esperando a que la actives al tocar el interruptor.

De la misma manera, todo lo que necesitas para vivir para Dios está justo frente a ti, esperando tu iniciativa. Sus instrucciones de vida están en la Biblia: todo lo que necesitas saber para vivir en obediencia.

Y, por si fuera poco, Dios está listo y deseoso de que hables con Él, quiere guiarte y mostrarte los dones y habilidades que te dio. Solo tienes que tocar el interruptor para que Él te equipe.

Querido Padre:

Me entusiasma mucho pensar que me has dado todo lo necesario para hacer tu voluntad. Te pido que me ayudes a encontrar el «interruptor» y a activarlo.

Amén

Examina tus motivaciones

¿Tus oraciones son muy egocéntricas? ¿Tratan principalmente de lo que quieres que Dios haga por ti? Si es así, quizás necesites cambiar tu estilo.

La oración se trata justamente de hablar con Dios sobre lo que consideras importante, pero Él no es un genio en una lámpara mágica que te hará guapa, popular y rica.

Así que analiza tus intenciones: ¿estás orando para que se difunda el mensaje de Su amor a otros? ¿Le estás pidiendo que te ayude a vivir en obediencia a Él? Si tus oraciones no son respondidas, puede que tus motivos sean incorrectos.

Querido Padre:

Te pido que me ayudes a examinar mis motivaciones y a asegurarme de pedir por las razones correctas. ¡Quiero una vida de oración poderosa!

Amén

Vestirse de amor

¿Perteneces a algún equipo deportivo o grupo artístico? Si es así, probablemente uses algún uniforme. Cuando entras en una habitación y ves a alguien con la misma vestimenta, sabes que están en el mismo equipo.

Otros te pueden reconocer por tu apariencia, y eso también aplica a un hijo de Dios: si has invitado a Cristo a tu corazón, su Espíritu vive en ti y eso se evidenciará en el amor que fluye de ti.

El amor del Espíritu es el tipo de amor que le da una oportunidad a los demás, incluso cuando son distintos a ti. Es un amor que no chismea ni critica, sino que es el amor de Dios y viene de lo más profundo de tu interior.

¿Te pueden identificar por tu amor?

Querido Señor:

Sé que puedo amar a mis amigas, pero a veces me cuesta con otras personas. Te pido que me llenes de tu amor para que reconozcan que soy Tu hija.

Amén

Mostrando alegría

¿Conoces a alguien que siempre tiene un problema, que se queja constantemente de todo, o que ve «el vaso medio vacío en lugar de medio lleno» en la vida? No es muy agradable estar siempre cerca de alguien que se queja. Ojalá que no seas tú.

Como hija de Dios, que tiene Su Espíritu viviendo en tu corazón, una de las características distintivas de tu vida debería ser la alegría. Después de todo, sabes que Dios te ama, conoces Su poder y guía, y que Él está obrando en tu vida. Sabes que el cielo se encuentra en tu futuro. ¿Por qué no deberías estar alegre? Aun cuando tengas problemas, no tienes por qué desesperarte.

¿Te pueden identificar por tu alegría?

Querido Señor:

No dejes que quede atrapada en la costumbre y rutina de quejarme sin parar. Permíteme ser alegre y compartir mi alegría con los demás.

Amén

Un corazón en paz

GÁLATAS 5:22 (NVI)

«Me dan miedo las tormentas». «Me preocupan las guerras». «¿Y si mis padres se separan?». Si lo piensas, hay muchos motivos para preocuparse. Si dejas que tu mente divague pensando en todo lo que podría pasar, pasarías mucho tiempo preocupándote. Sin embargo, un corazón lleno de intranquilidad es lo opuesto a uno lleno de paz.

Una característica de un corazón donde vive el Espíritu de Dios es la paz. Este corazón sabe que Dios tiene el control de todo y nada lo toma por sorpresa. Sin importar cuán mal estén las circunstancias en el mundo o en tu vida, puedes confiar en que Dios nunca te deja sola, sino que cuidará de ti y de tus seres queridos. Un corazón que pertenece a Dios se identifica por su paz.

Querido Padre:

Mi vida no es tan tranquila como quisiera. Te pido que me enseñes a confiar más en Ti.

Amén

La paciencia es una virtud

«¿Por qué no puedo salir con alguien?». «Tengo muchas ganas de sacar la licencia de conducir». «Será genial cuando vaya a la universidad». «Solo quiero ndependizarme...». Hoy en día, la impaciencia es casi una forma de vida. Desde a frustración de esperar en la fila hasta esperar a crecer, todos intentan acelerar os momentos de la vida.

Esa prisa se traslada también a la forma en que tratamos a los demás. Quizás conozcas a alguien que, por alguna razón, activa tu impaciencia... ¡alguien a quien quieres ayudar a terminar frases o a tomar decisiones!

Un corazón donde habita el Espíritu de Dios se identifica por su paciencia con otras personas y con las situaciones. Ten paciencia con los demás y no te estreses por cualquier cosa. ¿Te pueden identificar los demás por tu paciencia?

Querido Padre:

Reconozco que no soy una persona paciente. Por favor, lléname de la paciencia de tu Espíritu.

Amén

El fruto DEL Espíritu es AMOR, ALEGRÍA PAZ, paciencia.

GÁLATAS 5:22 (NVI)

Habla con amabilidad

¿Cuál es el objeto más afilado y peligroso que se te ocurre? No, la respuesta correcta es la lengua.

Sí, es increíble cuánto pueden herir a otra persona las palabras que dices. Bueno, probablemente tú también hayas recibido comentarios crueles y sabes cómo los malos sentimientos se acumulan en tu corazón, haciéndote sentir mal, como si nadie en el mundo te quisiera.

Recuerda: tus palabras ásperas también producen el mismo efecto en los demás. Una vida llena del poder del Espíritu de Dios se identifica por la bondad, que se refleja especialmente en las palabras que usas. Pídele a Dios que te ayude a pensar no solo en tus palabras sino también en el tono de tu voz. ¡Que otros te identifiquen por tu bondad!

Querido Dios:

Sé lo mal que me siento cuando alguien me dice algo feo, por eso no permitas que genere eso mismo en los demás. Te pido que me ayudes a ser amable con ellos.

Amén

14 DE SEPTIEMBRE

¡Muuuy bueno!

¿Qué tipo de cosas son buenas? ¿El chocolate? ¿El helado? ¿La música? ¿Las películas? ¿Los libros? Piensa en cuántas veces usas la palabra «bueno». Ahora bien, ¿con qué frecuencia usas esta palabra para describir a otra persona? ¿Qué hace que una persona sea buena?

Una buena persona es probablemente alguien honesto, amable, bondadoso, la unión de muchas características positivas. Casi todos somos buenos algunas veces, pero cuesta mucho, y a veces la gente puede ser bastante molesta.

Por ejemplo, cuando un profesor la tiene cogida contigo, puede que solo desees desquitarte con alguien. En situaciones así, ser justa, honesta y amable a veces está muy, muy lejos de lo que tu corazón desea, pero cuando el Espíritu Santo de Dios vive en ti, la bondad se manifiesta a quienes te rodean.

Querido Señor:

Quiero que la gente vea Tu bondad reflejada en mí.

Amén

15 DE SEPTIEMBRE

Amor fiel como el de una mascota

Un niño oró una vez: «Dios, ayúdame a ser el tipo de persona que mi perro cree que soy». Los perros son muy leales: te perdonan por dejarlos atrás cuando sales, siempre se alegran de verte y quieren pasar todo el tiempo contigo. La lealtad se parece mucho a la fidelidad.

Una chica que tiene al Espíritu Santo viviendo dentro de ella se identifica por su fidelidad a Dios, todo el tiempo. Es fácil ser fiel a Dios cuando estás con otros cristianos y decir: «Sí, amo a Dios y quiero obedecerlo». Pero ¿qué tan fiel eres a Él cuando estás con amigas a quienes no les importa Dios? ¿Te pueden identificar por tu fidelidad a Él?

Querido Dios:

Me cuesta hablar de ti y hacer cosas como orar antes de comer cuando estoy con amigas que no te conocen. Te pido que me ayudes a ser más fiel.

Amén

Cultivando la gentileza

Algunas acciones en la vida requieren gentileza, por ejemplo: cargar a un bebé recién nacido, mover la lámpara favorita de tu mamá, llevar huevos o tratar con los sentimientos de los demás. Un momento: ¿qué fue eso último? Exactamente lo que leíste.

Una chica que tiene al Espíritu de Dios dentro suyo se identificará por su amabilidad. Eso significa que tiene cuidado con los sentimientos de los demás y expresa sus ideas y opiniones de manera amable y respetuosa. Puede resultar muy tentador unirse a la onda de tus amigas de ser ruidosas, sarcásticas y prepotentes, pero recuerda: tienes al Espíritu de Dios viviendo en ti y la amabilidad es Su estilo.

Querido Padre:

Reconozco que la gentileza no me sale naturalmente. Por favor, ayúdame a ser amable con los demás para que puedan ver Tu amor en mí.

Amén

No pierdas los estribos

EL
fruto del
Espíritu
ES AMOR, ALEGRÍA, PAZ,
PACIENCIA, AMABILIDAD,
BONDAD, FIDELIDAD,
HUMILDAD Y

GÁLATAS 5:22-23 (NVI)

El dominio propio es importante er muchas áreas de nuestra vida, po ejemplo, en tu temperamento. Cuandc te enojas con tu hermano menor y quie res golpearlo, debes usar el autocontro para evitar que ese impulso te domine.

¿Qué sucede cuando tu mamá hor nea una gran cantidad de galletas cor chispas de chocolate? Puedes comerte el plato lleno, pero el dominio propio sig nifica que comerás solo una. O cuandc algunas de tus amigas critican a otrc chica por su ropa, cabello, aparienciα o lo que sea, podrías unirte a esa malc conversación, pero el autocontrol te de tiene. Significa que a veces no haces n dices lo que piensas, y a un hijo de Dio se lo identifica por su dominio propio.

Querido Dios:

De acuerdo, admito que no puedo con esto y sola. Te pido que me des Tu fuerza para poder tener dominio propio.

Amén

18 DE SEPTIEMBRE

Mantén la paz

La obediencia es algo que nunca dejarás atrás. Bueno, eso suena deprimente, ¿verdad? Pues no te desanimes y escucha esto: no importa cuánto crezcas, siempre habrá policías, jueces, médicos y otras personas en autoridad a quien deberás obedecer.

Una característica de un hijo de Dios es la obediencia, sin quejas ni peleas. Dios puso a líderes, gobernantes y maestros en sus puestos, y deben respetarse. No se vería bien que una ciudad, nación o un país fuera destrozado por cristianos que se resisten a obedecer a sus líderes.

Aun cuando estas autoridades no honren a Dios, es responsabilidad de Él tratar con ellas y la tuya, someterte.

Querido Dios:

No siempre me resulta sencillo obedecer, pero quiero que tu Espíritu brille a través de mí, así que, por favor, ayúdame a obedecer.

Amén

19 DE SEPTIEMBRE

Elige a Dios hoy

Cada día de tu vida tú defines tus prioridades: tú eliges cómo emplear tu tiempo, si ser amable, cómo hablar de tus padres y si hacer o no tus tareas escolares. Tú decides si hablar por teléfono con una amiga es más importante que tu tiempo de oración, o salir al centro comercial en lugar de ir al grupo de jóvenes de tu iglesia. Tú escoges lo que es valioso para ti.

Este versículo te alienta a mirar el cuadro completo, a considerar lo que es importante más allá del hoy: porque crecerás, tus amigas y tus gustos cambiarán, pero lo único que no cambiará es Dios. Así que haz de Él tu prioridad número uno ahora.

Querido Padre:

Te pido que me ayudes a elegirte por encima de todo lo que reclama mi atención y lealtad. Quiero que Tú seas mi prioridad principal.

Amén

Un amor increíble

Todo en tu interior debería esforzarse por ser una chica cuya vida y carácter reflejen quién es Dios.

Dios no quiere solo un poco de tu amor y obediencia, a Él no le interesa tu adoración del domingo por la mañana si lo ignoras el resto de la semana.

Lee este versículo completo: Dios quiere que tu amor y servicio provengan de todo tu corazón y tu alma entera. Él no lo hace para hacer alarde de Su poder, sino porque así es cuánto te ama: de manera total.

Querido Dios:

Nunca lo había pensado así: Tú quieres todo mi amor porque me das todo el Tuyo. ¡Eso es impresionante y te lo agradezco!

Amén

¿Qué te pide el SEÑOR TU DIOS? Simplemente que le temas y andes en todos sus CAMINOS, QUE lo ames y le SIRVAS con todo TU CORAZÓN y con toda tu alma, y que cumplas los MANDAMIENTOS Y LOS ESTATUTOS QUE HOY EL SEÑOR TE MANDA CUMPLIR.

DEUTERONOMIO 10:12-13 (NVI)

Una vida plena

Tú nunca podrás darle más a Dios que lo que Él te da a ti. Eso es lo genial de vivir tu vida para Él: no tienes que sentir que estás renunciando a algo para servirlo. El egoísmo, la maldad, la soledad y el pecado son actitudes que vas a dejar atrás en tu nueva vida.

Algunos te dirán que ser cristiana le quita diversión a la vida, pero Jesús declaró que obedecerlo, aprender de Él y servirlo es lo que realmente te dará éxito, felicidad y gozo. Parece un buen negocio, ¿no?

Querido Dios:

Ayúdame a entender esta verdad porque algunas amigas me dicen que servirte le quita toda la gracia a la vida. Quiero poder explicarles cómo en realidad es todo lo contrario.

Amén

Alábalo por siempre

¿Lo comprendes? Dios te ama muchísimo, y te demuestra su amor cada día al cuidarte, proveer para tus necesidades y escuchar tus oraciones. Él envió a Jesús, su único Hijo, a morir por tus pecados, lo resucitó y ahora está en el cielo preparando un lugar para que pases la eternidad con Él.

¡Guau! ¿No merece eso toda tu adoración? Cántale alabanzas, grítalas o susúrralas, pero simplemente hazlo. Dios se llena de alegría al escuchar tus alabanzas y tú también cuando se las das: ¡es lo que hay que hacer!

Querido Señor:

Algunas veces mi corazón rebosa de alabanzas, pero quiero que eso ocurra cada vez más. ¡Estoy muy agradecida por todo lo que haces por mí!

Amén

Tiempo de oración

La oración debería ser una prioridad absoluta en tu vida. Sin embargo, no es fácil ser constante en la vida de oración, ¿verdad? Quizás te enfocas en dedicar muchas horas a la oración por un tiempo, pero luego la vida se complica y tu disponibilidad para orar se reduce o se comprime cada vez más. Lo que al principio era tu máxima prioridad, poco a poco va quedando a un segundo plano.

Lo asombroso es que Dios te ofrece tanto, si tan solo lo invocas. Muchos de sus hijos no aprovechan este privilegio.

Él promete ayudarte a entender cosas que jamás podrías soñar o imaginar si tan solo acudes a Él.

Querido Dios:

Reconozco que me estoy perdiendo mucho por no hablar lo suficiente contigo. Ayúdame a hacer de la oración la máxima prioridad en mi vida.

Amén

Dios es amor

Jesús pronunció estas palabras, así que no las tomes a la ligera. Por el contrario, medita en ellas: Dios Padre amó a Su único Hijo, Jesús, total y completamente. Jesús te ama con ese mismo amor, que no se reserva nada, sino que haría cualquier cosa por ti; de hecho, lo hizo, porque murió por ti.

Cuando comprendes que alguien te ama tanto, puede cambiar tu vida. El amor de Jesús por ti fluye de su Padre y te llena. Él desea tu amor a cambio y tu obediencia a Él. También desea que Su amor por ti te lleve a amar también a quienes te rodean.

El amor de Dios te es dado gratuitamente, pero se espera que lo compartas con los demás.

Querido Dios:

Todo en Ti es amor. Por favor, que todo lo que hay en mí también lo sea.

Amén

No te demores en obedecer

«¡En un minuto!» ¿Acaso esa es una respuesta bastante común para casi cualquier cosa que tu mamá o papá te piden hacer? Te da cierto control cuando te piden que limpies tu cuarto, cargues el lavavajillas o hagas tus tareas escolares, ¿verdad?, porque puedes hacerlo a tu propio ritmo.

¿Haces lo mismo con Dios? «Te obedeceré, Dios, y cambiaré mi forma de vivir... en un rato». Después de todo, no quieres perderte nada divertido por ser demasiado espiritual, ¿verdad? Bueno, eso no debería funcionar así, ya que Dios no te da Su increíble amor y cuidado «en un minuto».

Toma hoy la decisión de darte prisa en obedecer Sus mandamientos, y haz de la obediencia una prioridad absoluta en tu vida.

Querido Padre:

Admito que acostumbro a posponer mis responsabilidades. Por favor, ayúdame a no demorarme en obedecer.

Amén

Unidad y paz

Llevarnos bien es tan importante que Dios lo menciona varias veces en la Biblia. Sus hijos deberían distinguirse del resto del mundo porque se aman unos a otros.

Hay pequeñas diferencias que pueden convertirse rápidamente en grandes discusiones y deben resolverse de inmediato. Los chismes como: «ella dijo esto y ella hizo aquello» se convierten en leña para el fuego cuando murmuras con otras amigas. Eso debe terminar, porque la unidad y la paz son más importantes.

Si tienes un problema con alguien, ve y háblalo a solas con ella. Te alegrarás de haberlo hecho.

Querido Padre:

Es tan sencillo quejarme con otra amiga cuando alguien me hace enojar. Recuérdame que debo ir directamente al problema y tratarlo para que la unidad y la paz no se arruinen.

Amén

El regalo de Dios

¡Dios te ama y quiere que estés con Él en el cielo para siempre! Eso no podría haber sucedido sin Jesús, Su regalo. En el principio, Adán y Eva activaron el pecado al elegir desobedecer a Dios, y desde ese entonces, las personas tienen la opción de obedecer a Dios o de pecar.

Dios no permite que seres pecadores entren en Su presencia, así que nos ofreció una manera de purificarnos: Jesús cargó con nuestros pecados y murió por ellos para que nosotros no tengamos que hacerlo.

Por lo tanto, si decides aceptar a Jesús en tu corazón, arrepentirte o alejarte de tus pecados y deseas obedecer a Dios, ya no estás condenada a quedarte fuera del cielo, ¡así que elígelo a Él!

Querido Dios:

Yo elijo seguir a Jesús. Te doy gracias por este regalo de amor.

Amén

Ama a tus enemigos

¡Acaso al leer este versículo te da ganas de gritar: «¡Oye, no dirías eso si conocieras a mis enemigos! ¡Solo quieren amargarme la vida!»? ¿Sabes qué? Jesús pasó tiempo en la tierra enseñando a la gente a vivir juntos en armonía y en paz y que Sus hijos debían diferenciarse del resto del mundo.

Si solo amas a tus amigas, no eres distinta a los demás, pero si puedes ser amable y respetuosa con quienes no te tratan bien, eso demuestra el amor de Dios.

Resiste: no pienses solo en ti, sino manifiesta Su amor a quienes no son amorosos contigo.

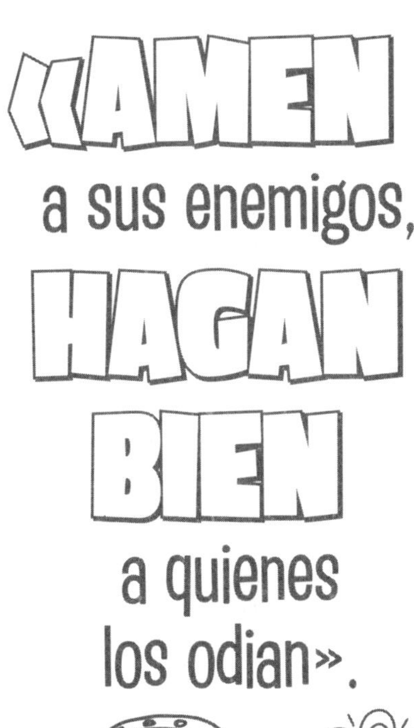

Querido Dios:

Tú sabes cuánto me cuesta poner esto en práctica. Realmente necesito que me ayudes, por favor.

Amén

Sé fuerte

¿Tienes idea de a quién le estaba hablando Jesús cuando declaró estas palabras? ¡Sí, a Satanás! Él estaba tentando a Jesús para que se alejara de Dios.

Jesús no había comido en cuarenta días y Satanás lo estaba desafiando a convertir piedras en pan para alimentarse. Jesús debía tener mucha hambre, pero no cedió. Es muy difícil resistir y hacer lo correcto cuando estás cansada, hambrienta, enojada, desanimada o deprimida. Probablemente tú también te sientas así la mayor parte del tiempo, pero es ahí cuando necesitas ser fuerte en tu caminar con Dios.

Recuerda que obedecerlo a Él es más importante que rendirte a cualquier tentación que busque captar tu atención.

Querido Dios:

Gracias por recordarme que Jesús sabe cómo se siente ser tentada. Ayúdame a ser fuerte y a nunca alejarme de Ti.

Amén

Alabanza constante

Este es el último devocional sobre establecer prioridades. ¡Que esta sea la principal: alaba a Dios! Tu alabanza le trae gozo. El salmista escribe que toda la creación alaba a Dios: las montañas, los océanos, todo proclama cuán grande, maravilloso y creativo es Dios.

Una vez, Jesús incluso dijo que, si las personas no alabaran a Dios, las mismas piedras del camino gritarían alabanzas a Él. Dios te dio aliento, te dio la vida y Él te ama.

Alábalo todos los días, no solo los domingos o cuando tienes reunión de adolescentes, cuando estás con tus amigos de la iglesia. ¡Alábalo para que todos a tu alrededor sepan quién es Él!

Querido Señor:

Te alabo por Tu amor por mí, por el mundo que me has dado y por el regalo de tener a Jesús. ¡Te alabo por todo!

Amén

Octubre
Disputa familiar

No es bueno estar sola

Quizás te preguntes qué tiene que ver contigo o con tu familia la creación de Eva como ayudante de Adán. Es sencillo: es la primera frase que dijo Dios antes de crearla: «No es bueno que el hombre esté solo». Dios te creó a ti y a todos los seres humanos y sabe que nos necesitamos unos a otros. Tú necesitas saber que perteneces a algún lugar: tu familia, y tener la absoluta certeza de que alguien te ama, pase lo que pase.

Por muy irritantes y molestos que puedan ser a veces tus padres y hermanos, son tu familia y un regalo de Dios. Así que empieza este mes con ese pensamiento en mente.

Querido Dios:

A veces me siento muy triste con mi familia, pero en el fondo los amo mucho y sé que ellos también me aman.

Amén

La unión hace la fuerza

No hay ninguna duda: la vida es mejor cuando se comparte con otros. Hay momentos en que todo se complica: la escuela es un desastre, los amigos se ponen pesados, te sientes sola o desanimada. Oye, a veces a todos nos pasa, pero si estás intentando salir adelante sin ayuda, no lo vas a lograr.

En cambio, si compartes tus problemas con tu familia, descubrirás que te animarán y orarán por ti. La fuerza que recibes al permitir que tus padres te apoyen te ayudará en la vida.

¿Qué hay del tercer hilo mencionado en este cordón tan fuerte del versículo? Bueno, ese es Dios. ¡Hazlo parte de todo en tu vida!

Querido Dios:

Por alguna razón me cuesta compartir cosas con mi familia. Yo sé que me quieren, pero... no lo sé. Te pido ayuda para abrirme y mantenerme cerca de ellos.

Amén

UNO solo puede ser VENCIDO, pero DOS PUEDEN RESISTIR. ¡LA CUERDA DE TRES hilos no se rompe fácilmente!

ECLESIASTÉS 4:12 (NVI)

Dales una oportunidad

¿Tus padres te hacen pasar vergüenza a veces? ¿Crees que son anticuados y que sus reglas son sofocantes e injustas? ¿Y tus hermanos y hermanas? ¿Te fastidian sus actitudes y lo egoístas que son? Sí, las familias pueden ser un dolor de cabeza, pero algo que debes recordar es que eres miembro de la tuya, y seamos sinceros: tú tampoco eres perfecta.

Puedes quejarte todo lo que quieras de tu familia, pero no olvides que tú tampoco eres perfecta. Así que no seas tan dura con ellos y agradece cuando ellos hacen lo mismo por ti.

Querido Dios:

Admito que me quejo mucho de mi familia, pero supongo que yo tampoco soy perfecta. Te doy gracias porque ellos me aman igual, y yo también a ellos.

Amén

Zona de quietud

Cuando se enciende la mecha de un petardo, chisporrotea y se quema hasta llegar al petardo y luego... ¡bum! Bueno, algo así ocurre con la ira: cuando te enojas con alguien y dejas que eso hierva en tu corazón y tu mente, estás alimentando tu enojo.

Primero crujirá y arderá hasta que de repente... ¡bum! Ese tipo de explosión destruye las relaciones. La convivencia en familia es complicada porque siempre están juntos, por lo que es inevitable que haya choques.

Este versículo nos recuerda que debemos tratar con la ira de inmediato: no le des vueltas en tu cabeza: esa es la parte de la quietud. Solo resuelve el asunto.

Querido Dios:

Admito que no me gustan las confrontaciones, así que me cuesta enfrentar los conflictos de inmediato y me inquieto con facilidad. Te pido que me ayudes a ser lo suficientemente madura para tratar con los desacuerdos sin demoras.

Amén

Recibir aliento a veces ayuda

Algunas veces recibir aliento ayuda a mantenerte en pie y seguir adelante cuando estás desanimada, por ejemplo, cuando otros destacan tus habilidades o talentos. Tus padres pueden hacer eso por ti. Quizás hayas notado que ellos son tus mayores animadores al celebrar tus logros, sea cual sea tu talento: desde el primer dibujo que hiciste de pequeña y colgaron en el refrigerador hasta cualquier éxito deportivo, recitales de piano o trabajos escolares.

El amor de tus padres busca potenciarte y te anima a ser la mejor versión de ti que puedes ser. Piensa en cómo puedes replicar eso edificando a alguien a quien quieres.

Querido Dios:

Te doy gracias por mis padres. Su aliento significa mucho para mí, aunque no siempre lo parezca, estoy agradecida por ellos.

Amén

Cuenta hasta diez

Probablemente hayas escuchado el viejo dicho: «Cuenta hasta diez antes de hablar». Hacerlo te da la oportunidad de calmarte cuando estás enojada y podría evitar peleas y discusiones.

Sí, es fácil decirlo, pero no tanto hacerlo. Cuando alguien te saca de quicio, especialmente a propósito, lo primero que te sale es gritarle.

Por supuesto, eso solo causará más problemas: con tus padres, te castigarán; con tus hermanos y hermanas, tu enojo puede llevarte a una guerra campal. Sin dudas, necesitarás la ayuda de Dios para manejar tus respuestas cuando alguien te haga enojar. Pídele y Él te ayudará.

Querido Padre:

Ayúdame a escuchar cuando lo necesito y a parar y contar hasta diez antes de responder a gritos cuando alguien me enfada.

Amén

Quehaceres domésticos con amor

La ropa limpia en tu armario, el helado en el congelador, las sábanas en tu cama, el pan con mantequilla siempre disponible, la pantalla de la computadora limpia de polvo, los servicios pagados para que las luces de tu casa sigan encendidas, la cena en la mesa, las galletas en el frasco de galletas: ¿quién hace posible todo esto? Sí, probablemente sea tu mamá.

¿Pensabas que todo aparecía o sucedía por arte de magia? Si eres sincera, admitirías que tu mamá trabaja duro para cuidar de tu familia. Lo más probable es que lo haga sin quejarse demasiado, ya que todo lo hace porque te ama. Tu mamá probablemente sea el corazón de tu hogar. Tómate un tiempo para agradecerle lo que hace por ti y ayúdala cuando puedas.

Querido Señor:

Te doy gracias por mi mamá. Sé que trabaja duro por nosotros y... bueno, ayúdame a valorarla más.

Amén

Sal de la multitud

Algunas cosas nunca cambian: este mandamiento fue establecido por Dios en los tiempos del Antiguo Testamento y nunca cambió. Puede que te parezca *cool* hablar mal de tus padres y quejarte de ellos cuando tus amigas lo hacen, pero recuerda esto: hacerlo es desobedecer a Dios sin rodeos.

¿Qué significa mostrarles respeto? Por ejemplo, no discutir sus reglas, respetar los horarios de llegada que te dan, hablarles y hablar de ellos de manera respetuosa. Sin duda, esta no es una forma popular de comportarse entre tus compañeros, así que sal de la multitud y elige vivir como Dios te ordena.

Querido Señor:

No me resulta fácil respetar a mis padres, y por eso te pido que me ayudes a recordar que este mandamiento viene de Ti. Gracias.

Amén

Zona sin quejas

Nada de llorar, nada de quejarse, nada de discutir. Seamos realistas: ¿acaso es posible? Tú sabes lo que se siente cuando quieres encontrarte con tus amigas en el centro comercial un sábado a la tarde, pero tu mamá te dice que te toca limpiar los baños. Claro, si hubieras obedecido, podrías estar en el centro comercial en una hora. En cambio, pasas una hora quejándote y nunca llegas.

Dios dice que la mejor manera de vivir en familia es asumiendo tus responsabilidades y tareas sin quejarte ni discutir; solo hazlas. Esa obediencia construye buenas relaciones con tus padres y da un buen ejemplo a los demás.

Querido Señor:

¿No puedo quejarme? ¿En serio? Bueno, lo intentaré, pero por favor, ayúdame porque no puedo hacerlo sin Ti.

Amén

Simplemente aléjate

Esa dinámica tiene que frenar en algún momento: si tu hermano te empuja, tu reacción natural puede ser devolverle el empujón. Si te hace un comentario sarcástico, quizás quieras responderle de inmediato. Si tu hermana te hace trampa mientras juegas, tal vez quieras golpearla, ¡pero no lo hagas! El círculo vicioso tiene que detenerse en algún momento.

Como tienes al Espíritu de Dios en ti, y Su poder y Su amor disponibles para ayudarte en todo, permite que ese patrón negativo se rompa contigo.

Cuando quieras vengarte de alguien, no lo hagas: simplemente aléjate y acaba con el círculo vicioso de peleas.

Querido Señor:

Sería genial si yo pudiera detener el círculo vicioso en el que me meto con mis hermanos y hermanas. Ayúdame a ser lo suficientemente fuerte para lograrlo.

Amén

No se trata de ti

«Es mejor dar que recibir». ¿Lo has oído antes? Se aplica al mensaje de este versículo. Tu familia no está aquí solo para ayudarte con tu vida, aunque ciertamente pueden hacerlo: es un ida y vuelta, y tú también debes ayudarlos.

Si tus padres tienen horarios de trabajo muy ocupados y no pueden con las tareas del hogar, échales una mano. Si a tu hermana le cuestan las matemáticas y tú eres buena en eso, enséñale. ¿Por qué? Porque se siente bien cuando ayudas a los demás, y Jesús quiere que sigas Su ejemplo.

Recuerda que la vida familiar no gira solo en torno a ti. Presta atención a las necesidades de los demás y ayuda en lo que puedas.

Querido Señor:

Te pido ayuda para darme cuenta de cuando mi familia me necesite. Dame la actitud adecuada para poder intervenir y ayudarlos.

Amén

Pensando en los demás

Una señal de madurez es cuando empiezas a comprender que el mundo no gira en torno a ti. Una característica de la mayoría de los niños es el egocentrismo: suelen preocuparse más por sus propios sentimientos que por los de los demás. Una persona inmadura observa cada situación y piensa primero en cómo afectará su vida. Un niño presta atención a lo que él necesita antes de pensar en lo que a otros les falta. ¿Ves el patrón aquí?

A medida que maduras en edad y en tu camino espiritual, empiezas a pensar en las necesidades de los demás. Esto es importante en una familia. Observa a los miembros de tu familia y piensa cómo puedes contribuir en su crecimiento y mejorar sus vidas.

Querido Dios:

Te pido que me muestres en qué puedo colaborar para mejorar la vida de otros y que me ayudes a priorizar a los demás antes que a mí.

Amén

Papá sabe lo que hace

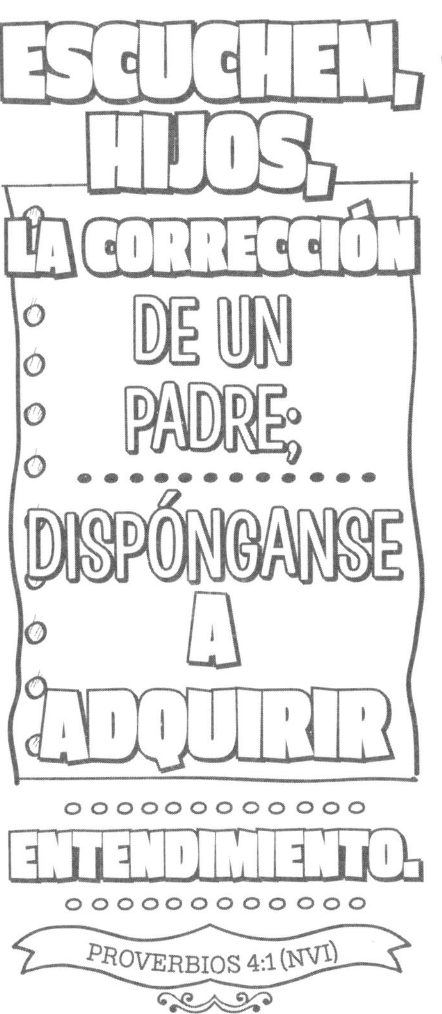

¿Tu papá usa calcetines negros y sandalias con los pantalones cortos de su equipo de fútbol favorito? ¿Le gusta cantar viejas canciones de rock delante de tus amigos? Sí, a veces te avergüenza delante de tus amigos, así que piensas que es la persona menos genial del mundo. ¿Qué podrías aprender de este tipo? Bueno, la respuesta corta es: ¡muchísimo!

Después de todo, tu papá también fue un niño, así que ya pasó por muchas de las mismas situaciones que tú estás viviendo ahora. Él tiene la ventaja de haber adquirido sabiduría de sus experiencias, por lo que puede enseñarte a vivir en este mundo y a crecer espiritualmente. Así que préstale atención.

Querido Dios:

A veces pienso que mi papá es raro, pero sé que puedo aprender mucho de él. Ayúdame a estar abierta a lo que me pueda enseñar.

Amén

La disciplina es buena

¿La palabra disciplina te trae todo tipo de pensamientos desagradables a la mente? A nadie le gusta ser disciplinado, porque generalmente significa que te quedas sin algún privilegio. Otro resultado de la disciplina puede ser realizar tareas adicionales en casa.

No suele ocurrir que te disciplinen regalándote un helado de chocolate o dinero para hacer lo que quieras. La disciplina es desagradable, pero tus padres la usan para ayudarte a aprender y a convertirte en una adulta madura que pueda contribuir de forma positiva a la sociedad. De ahí viene la sabiduría de este versículo: si aceptas la disciplina es porque te das cuenta de que te ayudará a crecer en conocimiento.

Querido Dios:

Te doy gracias por la disciplina. ¡Guau! Nunca pensé que diría eso.

Amén

Aprende a ser paciente

Tus padres te aman, tus hermanos y hermanas te aman. Y tú los amas también. Sin embargo, cuando las personas conviven, surgen problemas de vez en cuando. Así es como son las personas.

Habrá momentos en que tu familia te fastidie, y habrá otros en que tú los fastidies a ellos. El desafío de 1 Corintios 13 es evitar que las molestias cotidianas dañen el amor que se tienen entre ustedes.

Recuerda que, como se aman, también deben ser más pacientes unos con otros.

Querido Señor:

Confieso que no siempre soy paciente y que paso demasiado tiempo pensando en mí misma. Lléname de Tu amor para poder ser paciente con mi familia, y ayúdalos a saber que los amo mucho.

Amén

Todo se equilibra

Había un viejo monólogo cómico que se centraba en la idea de que los padres de un chico querían más a su hermano que a él: «Él se quedó con la última porción de pizza la semana pasada», «Él siempre se sienta adelante», ese tipo de quejas.

Esta clase de persona tiene un archivo de Excel donde registra quién recibió qué y cuándo. Eso no lleva a nada bueno: solo dañará las relaciones familiares. La verdad es que a veces uno consigue más cosas que otro. Y luego, la próxima vez, le toca a la otra persona. No sirve de nada llevar un registro de cuándo crees que te maltratan, simplemente acéptalo. A la larga, todo se equilibra.

Querido Dios:

Supongo que, si realmente creo que mis padres me aman, no hay razón para preocuparme por quién recibe qué y cuándo. Me arrepiento de seguir pensando en eso; por favor, perdóname.

Amén

Sé justa

Imagina que tú y tu hermano están jugando bruscamente, aunque tus padres te han dicho que no lo hagan. De repente, él te empuja y luego te esquiva justo cuando te abalanzas sobre él, entonces tiras una lámpara al suelo y se rompe en mil pedazos. Cuando tu mamá se acerca a ver qué estaba pasando, encuentra a tu hermano recogiendo los pedazos. Ella cree que él rompió la lámpara y empieza a desquitarse con él.

Ahora bien, tú puedes disfrutar que a tu hermano lo culpen por algo en lo que tú también participaste, o puedes confesar y asumir tu parte del castigo.

El amor no se alegra cuando alguien es acusado injustamente.

Querido Dios:

Reconozco que a veces me alegro cuando otros se meten en problemas, aunque sepa que no son culpables. Te pido ayuda para que el amor llegue al nivel más alto en mi corazón.

Amén

Perdón

Una gran parte de vivir en familia es el perdón. Siempre habrá muchas cosas que perdonar, porque tus padres no son perfectos, tus hermanos y hermanas no son perfectos y tú tampoco lo eres. Siempre habrá injusticias y tendrás discusiones y peleas con tus familiares.

Lo importante es recordar que el perdón es una decisión. Verás, Dios te perdona voluntariamente por todo lo malo que haces, incluso si es a propósito.

Del mismo modo, Tú puedes extender ese perdón a los demás. El perdón construye puentes en lugar de muros, así que perdona tal como tú ya fuiste perdonada.

Querido Dios:

Admito que perdonar no me resulta sencillo, pero sé que puedo hacerlo si me ayudas. Te doy gracias por perdonarme y te pido ayuda para perdonar a los demás.

Amén

Creciendo bien

Tus padres no te dejan ir a fiestas sin la supervisión de adultos, no te permiten ver películas con límite de edad, y se pondrían furiosos si sospecharan que te juntas con niñas que a veces fuman y beben. Ellos piensan así porque se preocupan por ti.

Aunque no lo creas, ser padre no es fácil. Algún día entenderás que tus padres intentan darte todas las oportunidades para que tengas una vida productiva y exitosa. Algún día, cuando seas mayor, todo lo que te enseñaron tendrá sentido y podrás empezar a aplicarlo a tu propia vida. Entonces le agradecerás a Dios por tener padres que te aman lo suficiente como para instruirte en el camino correcto.

Querido Dios:

Te doy gracias por mis padres y por todo lo que me enseñan.

Amén

La honestidad es la mejor política

Imagina que llegas a casa después de una pijamada en casa de una amiga: tu mamá te pregunta qué hiciste. «Lo de siempre», le respondes, «vimos películas, comimos pizza, nos quedamos hasta tarde charlando». Acabas de mentirle descaradamente, porque la verdad es que los padres de tu amiga ni siquiera estaban en la casa e hiciste lo que jamás querrías que sus padres supieran.

Sin embargo, mentir no es la mejor salida a esta situación. En primer lugar, lo mejor sería evitar hacer lo que sabes que es incorrecto. Lo segundo sería confesar la verdad a tus padres, porque si descubrieran que mentiste, se destruiría la confianza que tienen en ti y llevaría mucho tiempo salir de ese lío.

Querido Padre:

Sé que si mis padres descubren que mentí no volverán a confiar en mí. Por favor, ayúdame a ser sincera con ellos, aunque eso pueda significar que seré castigada.

Amén

Buenos padres

A TUS HIJOS una y otra vez. Habla de ellos en tus conversaciones cuando estés en tu casa y cuando vayas por el camino, cuando te acuestes y cuando TE LEVANTES.

¿Tus padres hablan todo el tiempo de Dios, la Biblia y otros temas espirituales? ¿Te molesta que insistan en que te levantes el domingo por la mañana y vayas a la iglesia? ¿Debes tener un tiempo de devocional familiar todas las noches después de cenar? ¿Tu papá tiene que dar las gracias antes de cada comida? Bueno, no te quejes, solo están siendo buenos padres.

Ellos tratan de criarte como Dios lo ordenó y quieren que entiendas lo importante que son Sus mandamientos.

También intentan demostrarte que vivir para Dios es parte de la vida cotidiana y no algo apartado solo para cuando vas a la iglesia.

Querido Dios:

Te doy gracias por darme padres que me aman lo suficiente como para enseñarme la forma correcta de vivir.

Amén

Vive en paz

Aquí tienes algo para reflexionar: la felicidad de tu hogar depende de ti. Bueno, no completamente, pero sin duda una parte sí.

Verás, tienes que tomar decisiones todos los días acerca de cómo vas a responderle a tus padres, por ejemplo, cuando te disciplinan o cuando te asignan tareas; o a tus hermanos y hermanas, cuando intentan pelear contigo o se ponen muy molestos. En estas situaciones puedes decidir reaccionar con ira o quejándote; o en cambio, puedes responder con amabilidad y aceptación, como un pacificador.

¿Cuál crees que es la mejor forma?

Querido Padre:

Trabajar por la paz, esa es la mejor manera. Por favor, ayúdame a lograrlo.

Amén

Brillando para Él

¿Eres la primera persona cristiana en tu familia? Eso puede ser difícil. Si eres la única que va a la iglesia, la única a quien le importa cómo Dios quiere que vivas, puede que te sientas bastante sola.

Podrías sentir que tu fe siempre está expuesta porque tu familia conoce tu «verdadero» yo y te ve tanto en tus peores momentos como en los mejores. Sin embargo, no seas demasiado dura contigo misma si te equivocas: es imposible vivir a la perfección.

Recuerda dejar que tu luz brille tanto como sea posible, algunas veces con amabilidad y generosidad, y otras con la fuerza necesaria para pedir perdón por haber metido la pata. De esa forma, tu familia verá a Dios en ti.

Querido Dios:

¡Qué difícil! Pero me alegra que lo entiendas. Te pido fuerza y paciencia para que mi luz brille para Ti.

Amén

24 DE OCTUBRE

Un hogar feliz

El dinero no compra la felicidad. Algunos piensan que si tuvieran más dinero para comprar todo lo que la familia quiere todos serían felices, pero eso no funciona así. Una casa más grande con piscina en el jardín, todos los juguetes del mundo, ropa de moda, unas vacaciones de lujo... nada de eso garantiza la paz ni la alegría. Una familia verdaderamente feliz reconoce que su fuente no está en las cosas, sino en el amor.

Amarse, llevarse bien, disfrutar de la compañía mutua, compartir risas, orar juntos: esos son los ingredientes que conforman un hogar feliz, aun cuando solo tengan pan y agua en la mesa.

Querido Señor:

Quiero ser parte de un hogar feliz. Te pido ayuda para traer amor y paz a nuestro hogar.

Amén.

MEJOR COMER PAN DURO DONDE REINA LA PAZ, QUE VIVIR EN UNA CASA LLENA DE BANQUETES DONDE HAY PELEAS.

PROVERBIOS 17:1

Decir «Te amo»

Claro que amas a tu familia, pero quizás te cueste expresarlo, decirlo en voz alta. Por alguna razón, a una chica de tu edad le cuesta decir «te amo» a su mamá, papá y hermanos. Ese embrollo se mantiene durante varios años, y luego, a medida que te acercas a la edad adulta, se vuelve más sencillo.

Sin embargo, tú sabes que se siente bien cuando alguien te dice «te amo». Aunque ya sepas que es verdad, te agrada escucharlo. Del mismo modo, puede que a tus familiares también les guste oírlo de ti.

Querido padre:

Me alegra saber que mi familia me ama. Te pido ayuda para encontrar formas de expresarles lo que siento por ellos, aunque solo sea por medio de una cartita. Yo los amo y quiero que lo sepan.

Amén

Perfectos en armonía

Dios debía saber que no siempre sería fácil llevarse bien con tu familia. De lo contrario, no habría puesto versículos como este en la Biblia para recordarte que vivas en armonía.

Piensa en la palabra *armonía*: si tienes algún conocimiento musical, sabes que una canción no consiste en una sola nota que suena una y otra vez. Una partitura se conforma de muchas notas diferentes que suenan juntas; al ensamblarse, crean una música hermosa.

Aunque tú y todos en tu familia sean distintos, si se esfuerzan, podrán ir formando una bella familia, cuya canción sea de amor mutuo y alabanza a Dios.

Querido Señor:

Ayúdame a añadirle armonía a la melodía de mi familia. ¡Quiero que juntos demostremos Tu amor al mundo entero!

Amén

Muestra compasión

Imagina que tu hermana no entró al equipo de animadoras y está muy enojada: ¿cómo reaccionas? «¡Ja! ¡Qué perdedora!». Esa no sería una buena respuesta. Y si el mejor amigo de tu hermanito se muda y lo ves muy triste: ¿te compadeces de tu hermano o te burlas de él? Por alguna razón, a menudo puede ser difícil mostrar compasión por las personas con quien vives.

El hogar debe ser un lugar seguro donde toda la familia pueda expresar sus sentimientos y saber que eso está bien. Tú honras a Dios cuando eres comprensiva con tu familia. Si estás molesta por algo, te sientes acompañada cuando otros comparten tu dolor contigo, ¿verdad? Entonces recuerda eso y sé comprensivo con tu familia.

Querido Dios:

Ayúdame a sentir compasión por mis familiares y a hacerles saber que no están solos.

Amén

La sangre tira

Lo que sucede con los hermanos es que pueden molestarse entre sí todos los días; de hecho, cada minuto de cada día. Pero en cuanto alguien se meta con ellos, estarás ahí para defenderlos. Los hermanos siempre tendrán problemas para llevarse bien, así son las cosas, pero detrás de las discusiones hay un fuerte lazo de amor mutuo.

Hay un viejo dicho que dice que «la sangre tira». Suena un poco extraño, pero lo que significa es que el amor y la lealtad a los hermanos no se pueden igualar con ninguna otra relación.

Ama a tus hermanos, defiéndelos, cuídalos y apóyalos, porque son un precioso regalo de Dios.

Querido Dios:

Te doy gracias por mis hermanos. ¡Los amo mucho!

Amén

Actúa con bondad

¿Cuál es la diferencia entre sentir compasión y ser misericordioso? ¿Por qué Pedro exigió ambas cualidades en el mismo versículo? Bueno, puedes sentir compasión por alguien, pero no hacer nada para ayudar.

La misericordia se manifiesta cuando la compasión se pone en acción: es realmente hacer algo para ayudar al otro. Algunas veces, solo podrás decirle a la otra persona que tienes misericordia y que orarás con ella; mientras que otras, solo podrás llorar con ella.

El punto es que la misericordia va más allá de sentir compasión. Habrá momentos en que tus familiares necesitarán de tu misericordia, así que prepárate para ofrecérsela, así como para recibirla cuando la necesites.

Querido Señor:

Te pido que me ayudes a hacer lo posible para brindar apoyo a mi familia cuando estén sufriendo. Yo quiero estar ahí para ellos.

Amén

El primer lugar

No es divertido estar cerca de alguien que solo habla de sí misma. Seguramente conoces a esa chica que siempre tiene una historia personal para contar que supera a la de cualquier otro. Se cree la mejor en todo y solo se preocupa por cómo las circunstancias afectan su propia vida.

Esta persona no es humilde, pero ahora piensa en otra que hace todo lo opuesto: se esfuerza por alentar a los demás y animarlos. Esta chica humilde pone las necesidades de otros por encima de las suyas. El apóstol Pedro sugiere que esta es una buena manera de vivir en armonía con los demás, y tiene sentido: considera a los demás como más importantes que a ti misma y generarás buenas relaciones.

Querido Dios:

Te pido que me ayudes a ver lo bueno en los miembros de mi familia y a descubrir cómo puedo animarlos y hacerlos sentir importantes.

Amén

¡Solo hazlo!

¡Ay, qué tentación! Tu hermana tira tu alhajero al suelo y tú te vengas de ella volteando todo lo que hay en su escritorio. Tu hermano te pega en el brazo y tú lo persigues por el jardín con una escoba. Alguien te dice un insulto y tú le devuelves dos... y así sucesivamente.

Es una espiral que va en picada, sin salida. Nunca habrá paz en tu familia a menos que rompas ese patrón. Uno de ustedes debe negarse a devolver el mal y los insultos. Piensa en lo sorprendidos que se quedarán tus hermanos si no reaccionas así. ¡Serás la campeona de la paz! Pruébalo y verás qué pasa.

Querido Dios:

Reconozco que necesitaré Tu ayuda si debo ser yo la que corte el círculo de conflictos. Me sale muy fácil vengarme cuando alguien me hace mal, pero por favor, ayúdame a responder con amabilidad y a detener el patrón de peleas.

Amén

Noviembre
Estudiar
la
Biblia

1 DE NOVIEMBRE

Estudia el libro de jugadas

INSPIRADA
POR DIOS Y ÚTIL PARA ENSEÑAR, PARA REPRENDER, PARA CORREGIR Y PARA
INSTRUIR
EN LA JUSTICIA, A FIN DE QUE EL SIERVO DE DIOS ESTÉ ENTERAMENTE CAPACITADO PARA TODA
BUENA OBRA.

2 TIMOTEO 3:16-17 (NVI)

Cuando un equipo deportivo entra al campo o a la cancha para jugar un partido importante, no salen sin saber cuál será su plan de juego. Por el contrario, tienen un libro de estrategias que todos los atletas estudian previamente para que sus jugadas sean exitosas y puedan ganar.

Del mismo modo, Dios te dio un manual de tácticas para tu vida: la Biblia. Leerla te enseñará a vivir y te mostrará lo que estás haciendo mal.

Estudiar la Biblia te capacitará para ser la joven que Dios quiere que seas. Aprovecha este libro de jugadas y léelo.

Querido Dios:

Te doy gracias por la Biblia. Realmente aprecio todo lo que puedo aprender de ella.

Amén

Un mensaje escrito a mano

Shakespeare fue un gran escritor, Mark Twain fue un autor muy apreciado. A lo largo de los años, muchos escritores han plasmado sus pensamientos acerca de la vida en sus libros. Pero no te equivoques: la Biblia no contiene solo las ideas de un puñado de hombres que la escribieron.

No, la Biblia fue escrita por Dios mismo porque Su Espíritu inspiró a los autores: las palabras fluyeron de ellos al ser guiadas por su Espíritu.

Dios destinó que la Biblia fuera Su mensaje para todas las personas durante miles de años. Así que, cuando lees la Biblia, realmente estás leyendo un mensaje de Dios mismo.

Querido Dios:

Me asombro al descubrir que cada palabra de la Biblia está ahí porque tú la inspiraste. Te doy gracias por interesarte tanto en comunicarte conmigo.

Amén

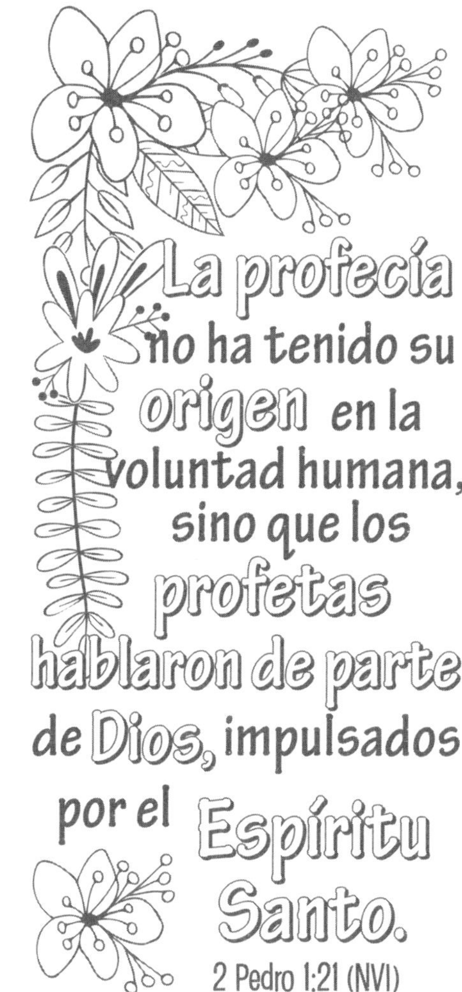

Luz para vivir

¿Te da miedo la oscuridad? ¿Alguna vez has estado en una habitación tan oscura que no podías ver tu propia mano frente a ti? ¡Eso es la oscuridad! Cuando se enciende una luz, por pequeña que sea, ¡se nota! porque brilla en la oscuridad. Eso es lo que la Biblia hace por ti: es una luz en la oscuridad que te mostrará cómo vivir con otras personas y cómo obedecer a Dios.

Sin embargo, debes dedicar tiempo a leer la Biblia todos los días y buscar maneras en que Dios quiere hablarte. Él usará Su Palabra para tocar tu corazón y enseñarte, si así lo deseas.

Querido Señor:

Quiero aprender de la Biblia, así que ayúdame a oír con mi corazón cuando la leo y a aprender de Ti.

Amén

Día y noche

Estas fueron las palabras de Dios a Josué cuando se convirtió en el líder de los israelitas, y siguen vigentes hoy. Dios sabe lo confusas que pueden volverse las circunstancias algunas veces, y que te sentirás tentada a actuar contra Su voluntad.

Dios también es consciente de que, a medida que crezcas, querrás más y más información acerca de cómo vivir en este mundo y cómo acercarte más a Él.

Todo lo necesitas saber está en la Biblia, por eso Él dice que meditemos (es decir, que pensemos) en ella día y noche. Así es como se convierte en parte de tu vida: cuando piensas en ella todo el tiempo.

Querido Dios:

Reconozco que necesito leer tu Palabra todos los días, por eso ayúdame a meditar en ella para saber cómo aplicarla a mi vida.

Amén

Ponla en práctica

«LA SEMILLA ES LA PALABRA DE DIOS... la parte que cayó en buen TERRENO son los que oyen la PALABRA con corazón noble y bueno, la retienen y, como PERSEVERAN, producen una buena cosecha».

Lucas 8:11, 15 (NVI)

Vas a la iglesia y escuchas la Palabra de Dios; quizás has estado memorizando las Escrituras en la escuela dominical desde que eras niña.

Escuchar la Palabra y aprenderla no es el problema, pero tal vez te cueste recordarla. Eso significa que, cuando estás con tus amigas y empiezan a criticar a alguien (básicamente, a arruinar su reputación), no te vienen a la mente versículos sobre la bondad o el amor. Si quieres que la Palabra marque la diferencia en tu vida, entonces tu mente precisará tomar versículos de tu banco de memoria para poder ponerla en práctica.

Querido Dios:

Conozco algunos versículos de las Escrituras pero no siempre medito en ellos. ¡Por favor ayúdame a recordarlos y ponerlos en práctica!

Amén

Palabras útiles

Cada una de las frases «escrito está» fueron pronunciadas por Jesús. Jesús fue llevado al desierto. Allí pasó cuarenta días sin comer, estaba cansado y hambriento, y Satanás lo atacó con tentaciones, una tras otra. En cada ocasión, Jesús le respondió con versículos de las Escrituras. Eso es increíble: Jesús, que era hombre, pero también Dios y vino a la tierra para salvarnos, memorizó las Escrituras. ¿No crees que, si eran tan importantes como para que Jesús las memorizara, también deberían serlo para ti?

Jesús es nuestro ejemplo de cómo vivir, cómo conocer a Dios y cómo tratar a los demás; por lo tanto, debemos prestarle especial atención.

Querido Dios:

Ahora lo entiendo: debería aprender la Palabra de Dios para tener respuestas a las tentaciones que irán apareciendo en mi camino.

Amén

MATEO 4:4, 7, 10 (NVI)

La Palabra de Dios en tu corazón

Existen variedad de circunstancias donde necesitas utilizar algún tipo de protección. Por ejemplo, si llueve, usas un paraguas; si estuviste expuesta a ciertas enfermedades, necesitas una vacuna; cuando juegas al hockey, precisas usar canilleras. Ya te haces una idea.

La Palabra de Dios también es una forma de protección y necesitas conocerla para no pecar. Sin embargo, cuando la tentación asome el hocico, lo más probable es que no corras a tu Biblia para que te ayude a combatirla. Por eso, será más útil si ya aprendes los versículos de antemano; es decir, llévalos guardados en tu corazón para que luego te vengan a la mente cuando los necesites. Esa es la verdadera protección.

Querido Dios:

Por favor ayúdame a aprender tu Palabra y a guardarla en mi corazón, así tendré la protección necesaria cuando llegue la tentación.

Amén

¡Presta atención!

Algunos dicen que no entienden la Biblia y por eso no la leen; simplemente parece no tener sentido para ellos. Quizás necesiten probar una versión más moderna de las Escrituras; tal vez deberían pasar más tiempo leyéndola en silencio, o puede que esa declaración sea una salida fácil, solo otra excusa barata.

Dios promete aquí mismo en Hebreos que te ayudará a entender su Palabra. Él pondrá Sus leyes en tu mente de una forma que puedas comprenderla, y también asegura que las escribirá en tu corazón. Eso es bastante personal, así que probablemente será comprensible para ti. ¡Presta atención, porque Él tiene algo para contarte!

EN SU

MENTE

Y LAS ESCRIBIRÉ EN SU CORAZÓN.

Y ELLOS SERÁN MI PUEBLO».

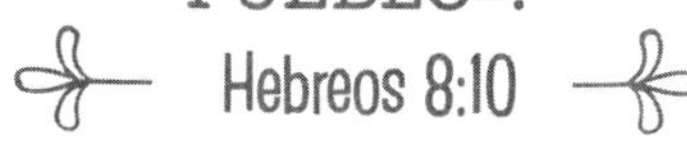

Querido Dios:

Pasaré más tiempo leyendo tu Palabra; creo que Tú me ayudarás a entenderla.

Amén

9 DE NOVIEMBRE

La libertad es obediencia

JESÚS DIJO:
«Si ustedes obedecen mis
ENSEÑANZAS,
serán verdaderamente mis
DISCÍPULOS;
Y CONOCERÁN
la verdad,
y la verdad
los hará
libres».
Juan 8:31-32 (TLA)

¿Libres de qué? Bueno, las Escrituras enseñan que eres una esclava: esclava del pecado. La verdad es que no eres libre, aunque creas tener toda la libertad del mundo. En realidad, tus decisiones de pecar te mantienen atada.

Si obedeces las enseñanzas de la Palabra de Dios, puedes cambiar tu condición. Por supuesto, necesitas conocerlas antes de poder obedecerlas.

Cuanto más las conozcas, más las obedecerás y más libertad tendrás. Jesús declaró que si obedeces Sus enseñanzas demostrarás que eres Su discípula: esa es la verdadera libertad.

Querido Dios:

Reconozco que quiero ser libre y entiendo que eso significa que necesito conocer y obedecer tu Palabra. Por favor, ayúdame a lograrlo

Amén

Mírate en el espejo

¿Así que crees que eres bastante buena? ¿Acaso lees versículos acerca del pecado y piensas: «Yo no he asesinado a nadie, no engaño, no robo, no hago nada malo, entonces soy buena persona»? Bueno, si piensas así, no le estás prestando mucha atención a la Biblia.

Por supuesto que hay pecados grandes y llamativos como esos, pero hay otros igual de graves, aunque mucho menos notorios: como el orgullo, el egoísmo, la ira, la desobediencia... creo que ya entiendes.

Que la Palabra de Dios sea como un espejo donde puedas verte a ti misma: ella te mostrará tus pecados para que puedas confesarlos y arrepentirte. Eso te hará una mejor persona en Cristo.

Querido Dios:

Me resisto a ver mis propios pecados. Ayúdame a prestar atención a tu Palabra. Entonces podré confesar y arrepentirme de mis pecados

Amén

La revelación

Menos mal que no empiezas la escuela aprendiendo cálculo, sino que comienzas con el 1 + 1 y luego vas avanzando hacia lo más complejo. Los maestros saben que no estás preparada para cálculo en primer grado porque primero necesitas entender lo básico de matemáticas. Dios es igual de sabio: Él sabe que aprender Su Palabra y obedecerla se logra paso a paso.

Por lo tanto, comprenderla lleva tiempo: puede que esta semana hayas entendido un versículo que un mes atrás no tenía ningún sentido para ti. Imagínate que es como una tela que se encuentra plegada donde solo puedes ver una porción del dibujo. A medida que despliegas la tela, se revelará más y más el diseño completo. Del mismo modo, Dios te guía paso a paso a medida que comprendes Su Palabra.

Querido Dios:

Te doy gracias por no esperar que entienda Tu Palabra de golpe. Sé que estoy aprendiendo algo nuevo todo el tiempo.

Amén

Bebés cristianos

¿Qué hacen bien los bebés? Llorar y comer, comer y llorar, con muchos pañales sucios incluidos. Los bebés necesitan comer; no saben por qué, salvo que tienen hambre.

El alimento (la leche) los ayuda a crecer, pero ellos no lo saben. Ellos lloran cuando tienen hambre porque es lo único que saben hacer. Es la manera en que Dios ayuda a los bebés a que crezcan y se vuelvan niños y luego en adultos. El crecimiento espiritual no es tan distinto de este proceso.

Cuando eres nueva en la fe cristiana, anhelas aprender los fundamentos de la Palabra de Dios porque tu espíritu reconoce que primero necesitas información básica para poder crecer. Dedicar tiempo a leer la Biblia es lo que te ayudará a crecer y madurar en tu fe.

Querido Señor:

Por favor dame el deseo de leer tu Palabra y ayúdame a entender lo que leo para ir creciendo más y más fuerte.

Amén

13 DE NOVIEMBRE

La Palabra viva

La Biblia comenzó como palabras habladas, transmitidas por predicadores y profetas. Luego, se encarnó en la vida de Jesús para que la gente pudiera ver cómo ella operaba realmente. Finalmente, se escribió para que pudiera transmitirse de generación en generación. La Biblia no es solo un conjunto de palabras escritas hace miles de años: está viva y activa, y sigue vigente hoy en día.

La Palabra de Dios penetra profundamente en tu corazón y revela tus pensamientos y actitudes, te muestra qué tipo de persona eres y qué tipo de persona deberías ser.

No descartes este Libro como si fuera solo uno más, eso sería un error.

Querido Dios:

No lo entiendo, pero lo creo. Por favor haz que tu Palabra esté activa y viva en mí.

Amén

Es una batalla

Seguro alguna vez viste noticias en televisión acerca de soldados en combate. ¿Qué observas en ellos? Un detalle es que se colocan un equipo para mantenerse a salvo. Bueno, tú también te encuentras en una batalla, donde Satanás pelea con todas sus fuerzas para alejarte de Dios. Tal vez tú percibas esa lucha cuando tus amigas te ruegan que hagas algo que sabes que está mal, o cuando estás constantemente enojada, pero no sabes por qué. Satanás puede parecer discreto en su combate, pero no deja de librar batallas.

Dios te dio el equipo que necesitas usar en esta guerra: Su armadura está basada en Su Palabra, y los versículos bíblicos son la munición contra Satanás. ¡Así que ponte tu armadura y prepárate para pelear!

Querido Dios:

Nunca pensé que me encuentro en una batalla, y quiero estar preparada. Ayúdame a ponerme la armadura.

Un buen trabajo

Si has tenido la suerte de tener un trabajo de medio tiempo para ganar algo de dinero extra, probablemente hayas aprendido que es importante trabajar duro por las horas que te pagan. Tu empleador tiene derecho a recibir el valor de su inversión.

Tú también eres una obrera de Dios: Él tiene trabajos para ti y te ha dado la capacidad para realizarlos; la tarea principal es que compartas Su Palabra con los demás.

Necesitas conocer la Biblia para poder transmitirla ¡No tomes este trabajo a la ligera! Eres una obrera de Dios, así que haz un buen trabajo.

Querido Dios:

Te pido que me guíes para entender tu Palabra y así poder compartirla. ¡Quiero hacer un buen trabajo para ti!

Amén

Un solo trabajo

Dios lo hizo bastante sencillo para ti y te dio una sola tarea: temerle y guardar Sus mandamientos. ¿Te parece que en realidad son *dos* trabajos? Pues no lo son, porque ambos van de la mano. Dios no toma a la ligera tu obediencia a Sus mandamientos.

Si crees lo mismo, entonces Lo respetarás, porque Él habla en serio. Ahora, esta es la cuestión: para guardar Sus mandamientos, primero debes *conocerlos*, y no hay otra forma de hacerlo que estudiando Su Palabra, porque Él los ha expuesto todos allí. Así que, haz tu tarea: lee las Escrituras y obedece Sus mandamientos.

Querido Padre:

Te pido que me des pasión por leer Tu Palabra y ayúdame a entenderla para poder obedecerla.

Amén

17 DE NOVIEMBRE

Vivir la Palabra

> «Les advierto: a menos que su justicia supere a la de los maestros de la ley religiosa y a la de los fariseos, nunca entrarán en el reino del cielo».
>
> MATEO 5:20

Esto quizás te espante: Jesús dijo que tu justicia debe superar a la de los fariseos y a la de los maestros de la ley. ¿Acaso sabes quiénes eran ellos? Eran los profesionales religiosos de la época de Jesús.

Piénsalo bien: eran los que estudiaban la ley y probablemente la conocían a la perfección. Entonces, ¿cómo es que tú podrías ser más justa que ellos?

Sencillo: ellos sabían la ley de memoria, pero no la guardaban en el corazón. Saber acerca de la Biblia no es suficiente, también debes vivirla.

Querido Dios:

Te pido que me muestres cómo dejar que Tu Palabra habite en mí, porque quiero vivir en obediencia a ella.

Amén

La guía prometida

Confía en Dios lo suficiente como para creer que a Él le importan las situaciones que enfrentas a diario. ¿Cómo te guiará Dios? Bueno, sería más sencillo si Él simplemente te dejara escrita Su voluntad en el cielo, pero no lo hace. Su guía a menudo llega cuando lees Su Palabra.

Dios hará que un pensamiento o versículo en particular de repente cobre vida para ti mientras te guía: puede ser un versículo que hayas leído muchas veces, pero que de pronto escuchas de una manera nueva. Él te prometió que no estarás sola.

Querido Dios:

Me alegra saber que no estoy sola en este mundo. Por favor muéstrame lo que quieres que haga.

Amén

Las promesas de Dios

La Palabra de Dios está llena de promesas como esta. Dios cumple todas sus promesas, cada una de ellas. Dios te repite una y otra vez en las Escrituras que te ama y que quiere bendecirte. No promete popularidad, riquezas, fama, ni siquiera buenas calificaciones ni un cabello hermoso.

Sus bendiciones giran en torno a obedecerlo y a vivir para Él. Verás, Dios tiene el cuadro completo de la eternidad y sabe lo que es realmente importante.

Confía en Él porque tiene en mente lo mejor para ti.

Querido Dios:

Es genial que tengas el panorama completo de la historia, porque yo solo puedo ver el presente. Por favor, ayúdame a confiar en Ti. Te doy gracias por cumplir Tus promesas.

Amén

Sin atajos

Cuando conoces a una chica nueva, ¿cómo pasas de la etapa de conocida a la de amiga? La amistad crece cuando pasan tiempo juntas y se conocen, lo que requiere mucha conversación y compartir ideas, sueños, deseos e incluso miedos.

Con Dios no es tan distinto: lo sentirás más cerca si pasas más tiempo con Él conversando y leyendo Su Palabra para conocerlo cada vez mejor.

Así como no hay atajos para cultivar una amistad, tampoco los hay para tener una relación más íntima con Dios: cuanto mejor lo conozcas, más lo amarás.

Querido Dios:

Supongo que lleva tiempo conocerte, pero estoy segura de que vale la pena. Realmente quiero conocerte más y más.

Amén

El cuadro completo

Inviertes tanto tiempo y energía en cómo luce tu cabello: el corte perfecto y las mechas impecables. Te estresas pensando si llevas o no la marca correcta de jeans y zapatos. Te importa demasiado lo que piensen los demás de ti, pero si tan solo pudieras dar un paso atrás y ver el cuadro completo.

Estos detalles no son lo que realmente importan, porque algún día la belleza se desvanecerá, las modas cambiarán y lo que piensen de ti no importará. En cambio, lo único que permanecerá para siempre es la Palabra de Dios, así que léela, apréndela, guárdala en lo profundo de tu corazón y deja que transforme tu vida.

Querido Dios:

Reconozco que presto atención a muchas cuestiones que son importantes para una chica de mi edad, pero también quiero leer y estudiar la Biblia, porque entiendo que eso será vital para mi vida entera.

Amén

Amor verdadero

La Palabra de Dios es Su historia: trata de Su amor por la humanidad y Su Regalo que nos dará el acceso a Su presencia algún día en el cielo. Eso no sería posible si no fuera por el Regalo mismo de Jesús: Dios Padre envió a Su único Hijo para ser tu Salvador. Él vivió entre la humanidad, enseñó, sanó y resucitó personas de entre los muertos, y luego fue torturado y murió por tus pecados. Así de grande es el amor de Dios por ti.

Y no se detuvo ahí, porque Él resucitó a Jesús y lo llevó al cielo, donde ahora mismo intercede por ti, pidiéndole a Dios que pase por alto tus pecados, porque Él murió por ellos. Ese es el verdadero amor y ese es el tema principal de la Biblia.

Querido Dios:

No entiendo algunas cosas de la Biblia, ¡pero la parte sobre tu amor por mí es maravillosa! Gracias, yo también te amo.

Amén

El Libro entero

COMENZANDO POR **Moisés y** POR TODOS LOS PROFETAS, **les explicó** LO QUE SE **refería a él** **en todas las Escrituras.**

Lucas 24:27 (NVI)

Probablemente sepas que la Biblia está dividida en dos partes: el Antiguo y el Nuevo Testamento. El Nuevo Testamento prácticamente comienza con el nacimiento de Jesús.

Lo sorprendente es que, aunque el Antiguo Testamento fue escrito cientos de años antes del nacimiento de Jesús, este acontecimiento ya había sido profetizado: Dios estaba preparando el mundo para la llegada del Mesías, su Hijo, quien salvaría a la humanidad de sus pecados.

Mientras Jesús enseñaba, a menudo citaba los versículos del Antiguo Testamento que hablaban de Él. Toda la Biblia es un gran Libro y Jesús es el protagonista de principio a fin: se trata de Su historia.

Querido Dios:

Me asombra que el Antiguo Testamento también hable de Jesús. Sin dudas querías que supiéramos de Él, ¡qué increíble!

Amén

Una versión renovada de ti

Cuando invitaste a Jesús a tu corazón, la versión anterior de ti murió: la que automáticamente desobedecía a Dios y elegía el pecado. Ahora, la nueva tú, la que es cristiana, tiene una nueva vida.

Si quieres aprender sobre esa vida y comenzar a entender lo que significa ser cristiana, necesitas conocer a Cristo. ¿Cómo lo haces? Bueno, la Biblia es Su historia de tapa a tapa, así que el mejor lugar para empezar es leyéndola.

En las Escrituras aprenderás cómo Cristo se relacionaba con los demás, con Dios y qué pensaba acerca de la oración. Profundiza en conocerlo a Él y descubrirás tu propósito en la tierra.

Querido Dios:

Quiero saber cuál es Tu propósito para mi vida, por eso quiero aprender más de Cristo.

Amén

Consejo sólido

¿A quién recurres cuando tienes una dificultad? Vamos, sé sincera: cuando tienes problemas en casa, con una amiga o el corazón roto, ¿adónde vas?

Probablemente acudes a una buena amiga que te permite descargar tu ira, llorar desconsoladamente y quejarte. Todo eso te puede aliviar, pero cuando necesitas un consejo sólido y genuino sobre cómo manejar un problema: ¿es esa amiga la mejor opción? El salmista dijo que la Palabra de Dios se volvió su consejera.

No puedes equivocarte con semejante guía, así que invierte tiempo leyendo la Biblia: espera a que Dios te señale un versículo que tenga sentido para ti y se convierta en tu mentor para un problema específico.

Querido Dios:

¡Guau! ¿De verdad harás eso? ¡Quiero aprender así de Tu Palabra!

Amén

Crecer en conocimiento y amor

La vida cristiana se trata del amor: de amar a Dios y amar al prójimo. Ahora bien, es cierto que no es sencillo amar a ciertas personas, pero ahí es donde Dios interviene. Él te dará entendimiento acerca de los pensamientos y la personalidad de una persona, y eso te ayudará a entender por qué actúa de esa forma. Comprender esto hará que te sea un poco más fácil amarla.

Pídele a Dios que haga crecer tu amor por los otros más y más para que puedas amarlos sin dificultad.

Querido Señor:

Me cuesta amar a algunas personas más que a otras. Por favor, ayúdame a entender qué podría estar sucediendo en sus vidas para amarlas sin barreras.

Amén

... QUE EL AMOR DE USTEDES ABUNDE CADA VEZ MÁS EN CONOCIMIENTO Y EN BUEN JUICIO. ASÍ PODRÁN DISCERNIR LO QUE ES MEJOR Y SER PUROS E IRREPROCHABLES PARA EL DÍA DE CRISTO.

FILIPENSES 1:9-10 (NVI)

Noticias para compartir

Cuando recibes una gran noticia no te quedas callada, ¿verdad? ¡Probablemente quieras contársela a todos los que se te ocurran!

¿Te sientes así con respecto a la Palabra de Dios? Conocer la Biblia y compartirla con otros son dos cosas completamente diferentes.

Conoces la historia del plan de Dios para que todos seamos salvos del infierno. Está en Su Palabra, que es algo poderoso y vivo. La Palabra de Dios no es solo un libro, tiene el poder de cambiar vidas a medida que Él obra a través de su mensaje en los corazones de las personas. Esa es una gran noticia... no te la guardes para ti.

Querido Padre:

Me cuesta un poco hablarles del evangelio a mis amigos. Ayúdame a encontrar maneras de compartir tu historia con ellos.

Amén

Fortaleza en la Palabra

La depresión puede aplastarte ¿verdad? Cuando estás muy deprimida, nada de lo que digan tus amigas o familiares te ayuda; es difícil ver la luz y resulta casi imposible encontrar esperanza. Es en momentos como ese que necesitas recurrir a la Palabra de Dios más que nunca.

Siéntate con la Biblia y ora, pídele a Dios que te hable a través de las Escrituras, dile que necesitas aliento y esperanza. Si pides esto con sinceridad, esperando que Dios te responda, Él te responderá a través de la Biblia: Sus palabras te fortalecerán y animarán.

Querido Dios:

Quiero aprender de tu Palabra y recibir ánimo, así que, por favor, háblame a través de ella.

Amén

Amor es igual a obediencia

Si alguien te preguntara sin rodeos si amas a Dios, ¿le dirías que sí? ¿En qué se basaría tu respuesta? Así que dices conocer a Dios porque asistes a la iglesia y al grupo de adolescentes, o quizá incluso lees la Biblia y oras de vez en cuando, al menos cuando estás en apuros y necesitas ayuda.

Declarar que amas a Dios no es lo mismo que afirmar que amas el chocolate o la pizza: lo primero implica obediencia y eso será evidente para Él y para los demás cuando no ignoras Sus mandamientos, pero antes debes conocerlos, y los encontrarás en su Libro, ¡es una lectura que vale la pena!

Querido Dios:

Me esfuerzo por obedecer los mandamientos que conozco, pero ayúdame a aprender otros para poder seguir obedeciéndote.

Amén

Encontrar la fortaleza

Este mensaje fue enviado por el famoso apóstol Pablo a un joven llamado Timoteo. Pablo le estaba enseñando a su discípulo a vivir y trabajar para Dios; parece que vivir para Cristo es una decisión consciente. Por supuesto, esta enseñanza sigue vigente, porque Satanás está constantemente intentando impedir que vayas tras todas las bendiciones que Dios quiere para ti.

El enemigo quiere alejarte de tu andar en la fe cristiana y de la Biblia, porque sabe que allí encontrarás la fortaleza y el ánimo necesarios para buscar esas bendiciones, ¡pero no se lo permitas! Permanece en la Palabra todos los días y encuentra la fuerza necesaria para vivir para Cristo en las palabras vivas de Su Libro.

Querido Dios:

Ayúdame a buscar estas virtudes al leer tu Palabra y al aprender a vivir para Ti.

Amén

Diciembre
Plan
de acción

Plan de acción

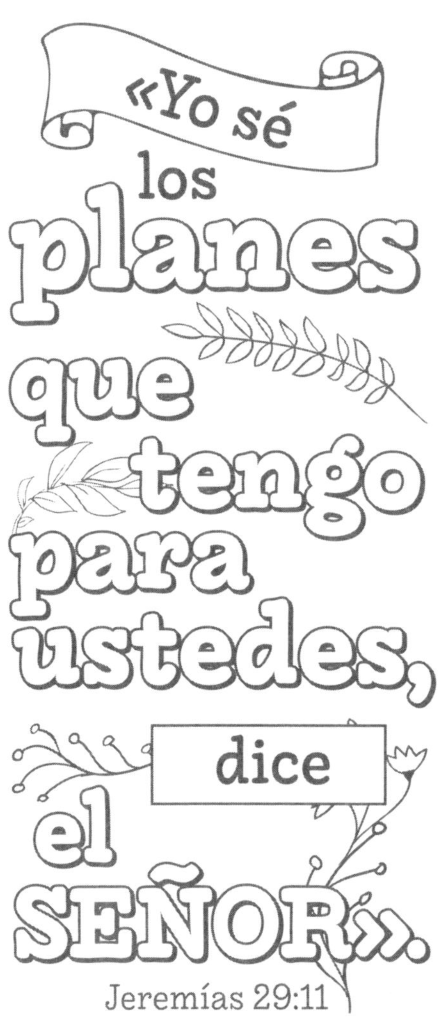

¿Alguna vez has visto una hojita volando en el aire, deslizándose hacia arriba, hacia abajo, dando vueltas y vueltas? No tiene un rumbo definido y no se sabe dónde podría terminar. Algunas veces la vida puede sentirse así y volverse bastante confusa a medida que creces. Pero no temas: no estás volando a la deriva como una hoja, sino que Dios tiene un plan para ti.

Desde el momento en que llegaste a esta tierra (en realidad incluso antes), Él ha estado trabajando en ese plan para tu vida. Sus planes para ti son buenos; todos Sus propósitos lo son, así que mantente cerca de Él y mira por dónde te guía.

Querido Dios:

Me alegra mucho que tengas el control. Sé que puedo confiarte mi vida.

Amén

Prepárate

Probablemente nunca hayas hecho esto, pero algunos chicos se presentan a rendir un examen sin siquiera haber tocado un libro para estudiar. Increíble, ¿verdad? Es una sensación horrible cuando te encuentras frente al examen y sabes que no estás preparada en absoluto.

Pues no tienes que sentirte de ese modo con tu vida. Puedes intentar imaginarte cómo sería dentro de sesenta o setenta años y no tener ni idea de lo que te depara el futuro, pero Dios tiene un plan para tu vida, así que no tienes por qué sentirte desprevenida.

Estudia Su Palabra, habla con Dios cada día y Él te guiará hacia Su plan perfecto.

Querido Dios:

Te doy gracias por tener un plan para mí. Quiero mantenerme cerca de Ti para poder seguirlo.

Amén

Una persona de amor

1 Corintios 14:1 (NBLA)

No te obsesiones buscando la «gran voluntad» de Dios para tu vida ni dejes de hacer lo que Él ya te indicó. Dios ya te ordenó que vivas en amor. Algo curioso acerca de Dios es que espera que obedezcas la verdad que ya conoces antes de revelarte más, así que no pierdas tiempo buscando el siguiente paso si aún no estás haciendo lo que Él ya te señaló. El amor es realmente importante para Dios.

En la primera carta de Juan, se describe a Dios como amor: Dios es amor, así que el amor equivale a Dios, y quiere que Sus hijos también sean conocidos por su amor. Si buscas el plan de Dios para tu vida, empieza por el amor.

Querido Dios:

Quiero ser conocida como alguien que ama a los demás, no solo a mi familia y amigas, sino también al resto de las personas. Por favor, ayúdame a lograrlo.

Amén

Motivaciones correctas

¿Acaso este versículo promete éxito ilimitado si simplemente oras: «Dios bendice...»? No, no significa eso. Empecemos por el principio: Dios mira tu corazón y sabe cuáles son tus motivaciones para todo lo que haces. Él no bendecirá algo que rebajará a alguien o le causará problemas, sino que Él prospera todo lo que se haga con las actitudes y motivaciones correctas.

Así que primero examina tus intenciones: si son puras, entonces pon todo lo que hagas en las manos del Señor, y Él lo bendecirá y saldrá bien. Sin embargo, recuerda que los parámetros del éxito según Dios pueden ser distintos a los tuyos. Por lo tanto, confía en lo que Él dice sobre el significado del éxito.

Querido Señor:

Te pido que me muestres cuáles son mis motivaciones para todo lo que hago, porque a veces ni siquiera estoy segura de cuáles son.

Amén

Última parada: el cielo

Tu futuro puede parecer como una gran nube negra de incertidumbre que está frente a ti ahora mismo, pero no te preocupes: eres joven y aún faltan detalles por completar. Sin embargo, puedes definir tu futuro en la eternidad aquí y ahora.

Si invitaste a Jesús a tu corazón, puedes afirmar con absoluta certeza que tu futuro está en el cielo. Dios ha prometido que, gracias a la muerte de Jesús en la cruz por tus pecados, tienes la oportunidad de unirte a Él en el cielo para siempre, ¿no es genial?

Así que adondequiera que Él te guíe en esta tierra por medio de experiencias, trabajos o relaciones que tengas, ya sabes que tu última parada será el cielo.

Querido Dios:

Estoy agradecida de tener mi destino final asegurado y te doy las gracias por decirme de antemano que estaré contigo en el cielo.

Amén

Un regalo para ti

—¿Eres parte del equipo de tenis?
—No, ni siquiera sé cómo sostener una raqueta.
—¿Quisieras cantar como solista en el musical?
—No, ni siquiera tengo oído para tocar el timbre de una puerta.
—¿Quieres ilustrar un libro?
—No, ni siquiera puedo dibujar una línea recta.

¿A veces sientes que no eres buena en nada? ¿Ves las habilidades de los demás y te preguntas si no tienes ningún talento»? ¡Claro que no! Dios promete que cada uno de Sus hijos tiene algún don; en este versículo se le llama «manifestación del Espíritu».

Él te dio un don que ayudará a Su familia, algo en lo que eres buena. Quizás aún no lo has descubierto, pero ya lo harás.

Querido Señor:
Confieso que no tengo idea de cuál es mi don, pero te pido ayuda para poder descubrirlo y desarrollarlo para que sea útil en Tu obra.

Amén

Tu escolta

Si alguna vez una celebridad visitó tu ciudad, seguramente notaste que era casi imposible acercarse a ella. Los famosos suelen viajar con un séquito que consiste en un personal de seguridad que los protege de sus admiradores, choferes que los llevan de un lugar a otro, y publicistas que hablan en su nombre.

Bueno, escucha esto: tú también tienes un séquito privado. Dios va delante de ti, guiándote adonde Él quiere que vayas; por eso nunca te encontrarás en una circunstancia desconocida para Él. Dios también va detrás de ti, cubriéndote la espalda. Su presencia te rodea: ¡tienes más protección que una celebridad!

Querido Señor:

Te doy gracias por cuidarme, porque sé que sin importar lo que me depare el futuro, Tú ya lo conoces de antemano.

Amén

Planifica con anticipación

Así que no sabes lo que el futuro tiene preparado para ti. Pues empieza ahora a pedirle a Dios sabiduría para tomar las decisiones correctas y vivir en obediencia a Él. Pídele que te guíe hacia tu futuro mediante las decisiones que debas tomar ahora. ¿Te parece absurdo pensar en esto a tu edad?

Pues no lo es, porque incluso tus clases en la escuela podrían comenzar a prepararte para el futuro. Tal vez una lección de ciencias que querías evitar te abra los ojos a alguna carrera profesional que te fascine; o podrían ser clases de música o de teatro, o una nueva amistad la que te abra esas puertas.

Simplemente pídele sabiduría a Dios y Él te guiará.

Querido Señor:

Te pido sabiduría para tomar las decisiones de hoy que luego afectarán mi futuro.

Amén

Y si a alguno de ustedes le falta SABIDURÍA, que se la pida a DIOS, quien da a todos abundantemente y sin reproche,

Ten paciencia

¿Conoces esta historia? José era adolescente cuando soñó que sus once hermanos algún día se inclinarían ante él. Sí, como no estaban muy contentos con ese sueño, vendieron a José como esclavo y él terminó en una prisión en Egipto. Años después, el sueño de José se cumplió: llegó a ser el segundo al mando en Egipto y sus hermanos se postraron ante él.

Algunas veces Dios siembra un sueño en tu corazón, pero puede pasar mucho tiempo antes de que realmente suceda. No te desanimes: entiende que Él sigue trabajando en tu corazón, preparándote para hacer Su voluntad.

Querido Señor:

Te doy gracias por recordarme que José tuvo que esperar mucho tiempo hasta que su sueño se hiciera realidad. Yo también seguiré esperando y confiando.

Amén

Sigue al líder

Cada vez que hay elecciones nacionales y se elige un nuevo equipo de líderes, cambia el plan para gobernar un país; es difícil lograr algo a largo plazo de esa manera.

Por momentos te puede parecer como si te ocurriera algo similar: sientes que vas en cierta dirección por un tiempo, pero luego das un giro radical y tu vida toma otro sentido. ¡Tranquila!, si le pides a Dios que te guíe, Él te llevará adonde quiere que estés. Sus planes no cambian, sino que ya estaban establecidos incluso desde antes de tu primer aliento. Así que confía en Dios, porque Él sabe exactamente adónde vas.

Querido Señor:

Me alegra que tengas un plan, porque yo no lo tengo. Te pido que me ayudes a permanecer cerca de ti para poder seguir Tus direcciones.

Amén

Un buen ejemplo

Imagina que tu papá consigue un trabajo nuevo, uno muy bueno, lo que implica que tu familia debe mudarse al otro extremo del país, y tú dejarás atrás a tus amigas, tu escuela, tu iglesia; todo lo que conocías.

¿Cómo te sientes al respecto? A Rut le pasó lo mismo: ella era una joven que dejó a su familia, su ciudad natal y todo lo conocido para mudarse con su suegra. Ni siquiera tenía un esposo con quien irse, porque él había fallecido. Sin embargo, Rut sabía que Dios quería que ella se fuera con Noemí. Su historia se hizo famosa por su obediencia a Dios y su lealtad a su suegra. Como resultado, su futuro fue bendecido y encontró la felicidad porque obedeció a Dios.

Querido Señor:

Algunas cosas que me pides hacer no me resultarán sencillas, pero recuérdame la historia de Rut y ayúdame a obedecerte siempre.

Amén

Una tarea más importante

Ester era la reina de Persia; una joven que se convirtió en reina porque había ganado un concurso de belleza. El rey vio a cientos de jóvenes hermosas y la eligió a Ester. No hubo mucha preparación para asumir el trono. Además, ahora tiene la oportunidad de salvar a todo el pueblo judío en el reino de ser exterminado. ¡Uf!, eso no es lo que una reina de belleza esperaría lidiar.

Algunas veces Dios pone a las personas en una cierta posición por una razón completamente diferente a la que esperaban. Ester entendió que el motivo principal por el que se convirtió en reina era salvar a su pueblo, y ella actuó en consecuencia.

Querido Señor:

Quizás me pongas en diferentes actividades o amistades por razones completamente distintas a las que yo pienso, pero me dispongo para que Tú me uses como quieras.

Amén

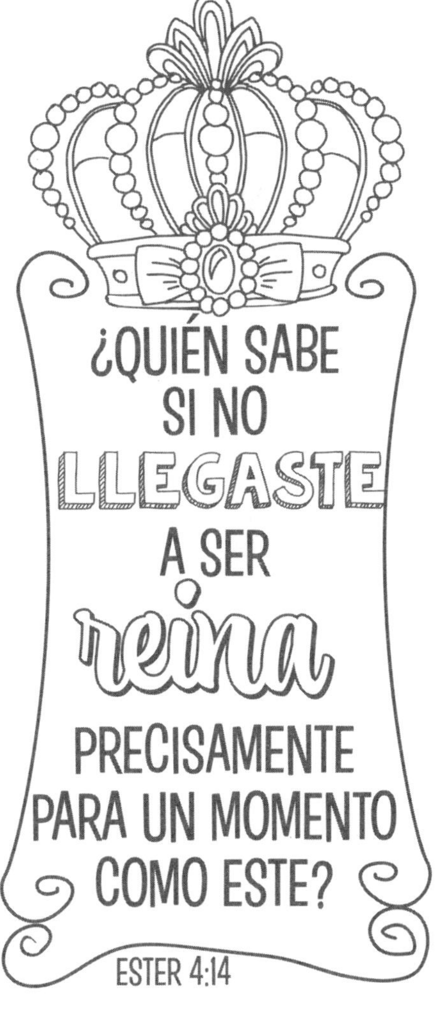

13 DE DICIEMBRE

Sin reservas

Entonces María dijo:

«Aquí tienes a la sierva del Señor;

hágase conmigo conforme a tu palabra».

Lucas 1:38 (NBLA)

María es famosa porque fue la madre terrenal de Jesús. ¿Sabías que probablemente era solo una adolescente cuando el ángel le dijo que iba a tener un bebé? Ella estaba comprometida con José, pero al quedar embarazada, se arruinó su reputación y la de él.

Cuando el ángel le anunció a María lo que le esperaría en el futuro, podría haber estallado en ira, o haber rogado por cualquier otra opción, pero no lo hizo. María aceptó el plan de Dios para su futuro y confió en que Él haría lo mejor para ella.

Querido Dios:

Me asombra la confianza que María tuvo en Ti. Toda su vida iba a cambiar por lo que el ángel le había revelado, pero ella simplemente respondió: «Está bien». Yo también quiero tener esa misma clase de confianza.

Amén

Supera tu ego

Dios le encargó a Moisés una tarea: le dijo cuál sería y esperaba que él se pusiera manos a la obra. Sin embargo, Moisés no se lanzó a la acción, sino que encontró excusa tras excusa con tal de no realizar el encargo que Dios le había encomendado. Lo que Moisés no comprendió fue que Dios no le daría una tarea sin las herramientas necesarias para completarla.

Dios probablemente habría ayudado a Moisés a hablar con claridad, pero él insistió en que le ayudaran, así que Dios permitió que Aarón fuera el portavoz ante el faraón. Tú puedes confiar en que, si Dios te da un encargo, también te ayudará a hacerlo.

Querido Dios:

Admito que ese es uno de mis miedos acerca del futuro: ¿cómo cumpliré lo que me pidas hacer? Supongo que confiaré en Ti para que me lo muestres.

Amén

Trabajo en equipo

MÁS VALEN
DOS
que UNO SOLO...
porque si uno
de ellos cae
EL OTRO LEVANTARÁ
a su compañero.

ECLESIASTÉS 4:9-10 (NBLA)

No intentes abrirte paso por la vida tú sola; necesitas a otras personas en tu vida y ellas te necesitan en la suya. A menudo, cuando Dios llama a alguien a hacer un trabajo o le da una visión para una tarea a realizar, comparte esa visión con más de una persona, por lo que habrá un equipo trabajando en el mismo proyecto. Eso es genial porque habrá momentos donde necesitarás ánimo para seguir adelante.

Que haya varias personas ocupándose en una tarea significa que hay distintos dones y habilidades actuando en ella. Además, si te desalientas y te caes, algún amigo puede ayudarte. Mira a tu alrededor y comprueba si ya tienes posibles colaboradores cerca de ti.

Querido Dios:

Te doy gracias por los amigos y compañeros de trabajo que me animan y me ayudan cuando tropiezo.

Amén

16 DE DICIEMBRE

Una oportunidad para obedecer

¿Qué trabajo quisieras que Dios te diera: cantante exitosa, directora ejecutiva de una gran empresa o figura política reconocida? Sean cuales sean tus sueños, ¿te das cuenta de que el plan de Dios para tu vida puede ser algo que no te parezca tan atractivo?

Eso le pasó a Jonás, y él emprendió el camino contrario; sin embargo, no llegó muy lejos. Dios sabía dónde estaba y bueno... Jonás terminó dentro de un gran pez, eso le dio tiempo para reflexionar y finalmente decidió obedecer a Dios.

¿Confías lo suficiente en Dios como para seguirlo a un lugar al que nunca habías pensado ir?

Querido Dios:

No quiero ser desobediente como Jonás. Por favor, dame una mente abierta para entender los planes a futuro que tienes para mí.

Amén

huyó del SEÑOR y se dirigió a Tarsis... Al sentir que se me iba la vida, me acordé DEL SEÑOR, y mi oración LLEGÓ HASTA TI,

Primero la limpieza

Cuando tu mamá prepara un pastel, no pone la mezcla en un molde sucio para hornearlo; tampoco te sirve la cena en platos sucios que están apilados en la mesada hace tres días, sino que los lava antes de volver a usarlos.

Un requisito previo para ser usados por Dios es limpiarnos. Antes de que Dios te dé una visión de lo que podría ser tu futuro, pídele que limpie tu corazón y que te muestre los pecados que has estado ignorando. Cuando Él lo haga, confiésale ese pecado y apártate de él, y permite que Dios ponga Su Espíritu en ti.

Querido Dios:

Por favor, limpia mi corazón. Muéstrame a qué pecados me he acostumbrado tanto que ya ni siquiera soy consciente de cometerlos y ayúdame a deshacerme de ellos ahora mismo.

Amén

18 DE DICIEMBRE

Compromiso

Conocer a Dios lo suficientemente bien como para poder encontrar Su voluntad para tu vida requiere un compromiso real; sí, real. Hay veces en que te ofreces a hacer algo, como involucrarte en alguna actividad extracurricular de la escuela, pero en realidad esa no es tu verdadera pasión. Entonces puede que le dediques media hora por semana, tal vez cuarenta y cinco minutos si te sientes con ganas, pero no te esmeras en hacer un buen trabajo; no haces un esfuerzo extra. Pues eso no es compromiso.

Buscar verdaderamente el plan de Dios para tu vida requiere de tu compromiso. Eso significa que dedicarás tiempo todos los días a leer Su Palabra y orar, o sea, ser diligente en buscar Su voluntad.

Tomando en cuenta LA MISERICORDIA DE DIOS, ruego que cada uno de ustedes, EN ADORACIÓN ESPIRITUAL, ofrezca su cuerpo como sacrificio vivo, santo y agradable A DIOS.

ROMANOS 12:1 (NVI)

Querido Dios:

Ahora comprendo que el compromiso significa sacrificar parte de mi tiempo y mis actividades. De acuerdo, quiero hacerlo para saber lo que quieres para mí.

Amén

Termina la carrera

¡Qué satisfacción sientes cuando terminas una tarea y saber que has dado lo mejor de ti al entregar toda tu energía y capacidad intelectual, o al usar tus músculos!

Luego miras atrás para ver el resultado final y sabes que has hecho el mejor trabajo posible. ¿No te gustaría sentirte así al final de tu vida? Qué maravilloso sería saber que realizaste todo lo que Dios te pidió y que lo hiciste de la mejor manera posible.

¡Qué gran sensación sería esa! Pon manos a la obra ahora y obedece a Dios para que algún día, cuando reflexiones acerca de tu vida, puedas decir las mismas palabras del versículo.

Querido Dios:

Quiero poder decir lo mismo al final de mi vida. Te pido que me muestres cómo empezar a vivir de esta forma a partir de hoy.

Amén

No eres solo un número

Si vas a una escuela muy grande, probablemente tengas una credencial o un número de estudiante, y cada documento que te entregan lleva ese número. Para la institución no eres más que un número, y es comprensible porque hay demasiados estudiantes para que todos sean conocidos por nombre.

¿Quieres oír algo increíble? Tú no eres un número para Dios: Él te conoce y te conoce lo suficiente como para tener planes para tu vida, sabe cuáles son tus fortalezas y debilidades, lo que te gusta hacer y en qué eres buena. Dios no te abandona cuando cometes un error. Él tiene un propósito para ti, y seguirá haciéndote crecer e instruyéndote para que lo alcances. ¿No es genial?

Querido Dios:

Te doy gracias por tener un plan para mí. Sé que me amas y yo también te amo a Ti.

Amén

21 DE DICIEMBRE

La escuela de Dios

Estoy
CONVENCIDO DE ESTO:
el que comenzó
TAN BUENA OBRA
en ustedes la irá
perfeccionando
hasta el día de
CRISTO
JESÚS.

Filipenses 1:6 (NVI)

¿Disfrutas la escuela o te parece que vas a estar ahí para siempre? Ojalá entiendas la importancia de lo que estás aprendiendo y la exposición que estás teniendo a todo tipo de asignaturas; alguna de ellas podría captar tu atención y guiarte hacia tu futura carrera.

Bueno, al mismo tiempo que vas a la escuela, también estás en la escuela de Dios. Él comenzó hace mucho tiempo a capacitarte para Su obra. Probablemente ya estés involucrada al amar a los demás y obedecerlo, por ejemplo. Dios quiere que sigas creciendo y aprendiendo, así que seguirá trabajando en ti para que eso suceda, ¡hasta que Jesús regrese!

Querido Dios:

Me alegra que estés obrando en mi vida. Por favor, ayúdame a seguir creciendo para convertirme en la mujer que quieres que sea.

Amén

Parte de un equipo

Los miembros de cualquier equipo deportivo se animan entre sí; desde las jugadoras hasta las niñas que están en la banca esperando su turno para entrar al juego: puedes oír gritos de aliento e instrucciones que se intercambian entre sí, todos los miembros del equipo son parte y se ayudan mutuamente a jugar mejor.

Los miembros de la familia de Dios hacen lo mismo. El desafío que lees en el versículo de Hebreos te pide que pienses en cómo puedes estimular a otros a ser las mejores personas posibles. Puedes ser parte del futuro de alguien al alentarle a amar a los demás y a obedecer a Dios y, a la vez, esa persona puede hacer lo mismo por ti. ¡Qué gran equipo!

Querido Dios:

¿Puedo ser parte del futuro de mis amigos? ¡Eso es fantástico! Me entusiasma que pueda animarlos y que ellos lo hagan conmigo.

Amén

Vale la pena el esfuerzo

JEREMÍAS 29:13 (NVI)

¿Qué tipo de estudiante eres? ¿Intentas arreglártelas sin leer para la clase o lees todo lo que te piden? ¿Dedicas mucho tiempo a escribir tus trabajos prácticos o preparas algo rápido la noche anterior a la fecha límite? Si eres de los estudiantes que solo se conforman con aprobar haciendo lo mínimo, lograrás terminar la escuela, pero no aprenderás todo lo que podrías. Lo mismo aplica a tu vida cristiana. ¿Quieres conocer el plan de Dios para tu vida? Bueno, tendrás que invertir tiempo en encontrarlo.

Dios quiere que le entregues todo tu corazón para conocerlo a Él; eso requerirá esfuerzo, pero los beneficios son increíbles. Por lo tanto, busca a Dios y encontrarás la vida misma, así como Sus planes para tu futuro.

Querido Dios:

Así que todo corazón, ¿eh? Lo intentaré, te pido que me ayudes, por favor.

Amén

Presta atención

Pablo le escribió estas palabras al joven Timoteo para ayudarlo a crecer en su fe y en la obra para Dios. Acababa de dedicar unas cuantas páginas a explicarle a Timoteo lo que debía hacer para ser más eficaz en su tarea. Este versículo al final del capítulo 4 es interesante porque Pablo le recuerda a Timoteo... y a ti... que presten atención a sus enseñanzas y que se entreguen de corazón a aprenderlas y a hacerlas parte de su vida.

Dios te ha dado la Biblia completa para que aprendas cómo servirlo. Sin embargo, tener muchísimas versiones de la Biblia en tu biblioteca no será suficiente: necesitas estudiarla y permitir que te transforme con el tiempo.

Querido Dios:

Quiero que mi familia y mis amigas vean que estoy creciendo en Ti. Te doy las gracias por Tu Palabra, que me ayudará a lograrlo.

Amén

Fuente de poder

Una de las características geniales de la Biblia es que Dios incluyó historias de personas que dijeron: «No puedo...». Personajes como Moisés, que dijo que no podría sacar a los israelitas de Egipto, o como Jonás, que desobedeció a Dios la primera vez. Dios sabe que a veces te asustará lo que Él te encargue hacer, ya sabe que no creerás tener la habilidad, la inteligencia ni la fuerza física.

Sin embargo, Él quiere que sepas que sí las tienes: ya tienes todo lo que necesitas para hacer lo que Él te pide porque tienes a Jesucristo. A través de Cristo, Dios te dará la fuerza para hacer absolutamente cualquier cosa que te pida.

Querido Dios:

No creo saber cómo encontrar esa fuerza, quizás porque tengo miedo. Enséñame cómo lograrlo. Te lo agradezco de antemano.

Amén

Horas de tutoría

Tus profesores probablemente tengan horas de tutoría durante el día asignadas para ayudarte con los temas que no entendiste de la clase. No te dejarán sola para que resuelvas las tareas por tu cuenta, incluso revisan tus calificaciones para ver cuándo podrías necesitar ayuda. ¿Sabías que desde el día que naciste (incluso antes, en realidad) Dios te ha estado cuidando?

Quizás dé un poco de miedo pensar que Él sabe todo lo que estuviste haciendo, pero la realidad es que Él te cuida; significa que Él ya conoce tu futuro y caminará a tu lado en él. No es que te dará una tarea y luego no estará disponible para las sesiones de tutoría. Por el contrario, nunca estarás sola.

Querido Dios:

A veces me siento sola y un poco asustada. Te doy gracias por recordarme que siempre me cuidas; eso me ayuda a seguir.

Amén

Primera tarea

A veces la gente suspira: «es que simplemente no sé cuál es la voluntad de Dios para mi vida». Bueno, nadie debería decir eso, porque Dios ya nos ha dado algunas tareas básicas. La que encontramos en el versículo de hoy es una de ellas y tiene dos partes: primero, seguirlo. Eso comienza con obedecer lo que sabes que es Su voluntad, que son los mandamientos básicos de las Escrituras; empieza con los diez mandamientos.

Luego, Jesús promete que te ayudará a acercar a otros a Él, pero no tienes que hacerlo sola. Tu primera tarea es conocer el plan de Dios para tu vida, entonces hazlo, y luego Él te irá dando más instrucciones.

Querido Dios:

No sé cómo acercar a otros a Ti. Suena como una gran tarea, pero puedo obedecerte, así que empezaré por ahí.

Amén

El enfoque correcto

¿Cuántas horas al día pasas viendo televisión, conectada con tus amigas en las redes sociales o navegando por internet? ¿Es ese tiempo bien utilizado? ¿Estás enfocando tu energía y tiempo en algo realmente importante? Jesús les recordó a sus amigos que invirtieran su tiempo y energía en causas con valor eterno.

Podrías elegir pasar tu vida holgazaneando o trabajando para ganar mucho dinero, fama o poder, pero cuando dejes esta tierra, dejarás todo atrás. ¿Qué son los tesoros en el cielo, te preguntarás? Pues, amar a Dios y amar al prójimo es el mandamiento más grande, así que tiene sentido que los tesoros celestiales impliquen amarlo a Él y amar a los demás lo suficiente como para hablarles acerca de Él.

Querido Señor:

Quiero almacenar tesoros en el cielo. Por favor enséñame a concentrarme en amarte a ti y amar a los demás.

Amén

donde las polillas y el óxido no pueden destruir, y los ladrones no entran a robar».

¡El mejor futuro!

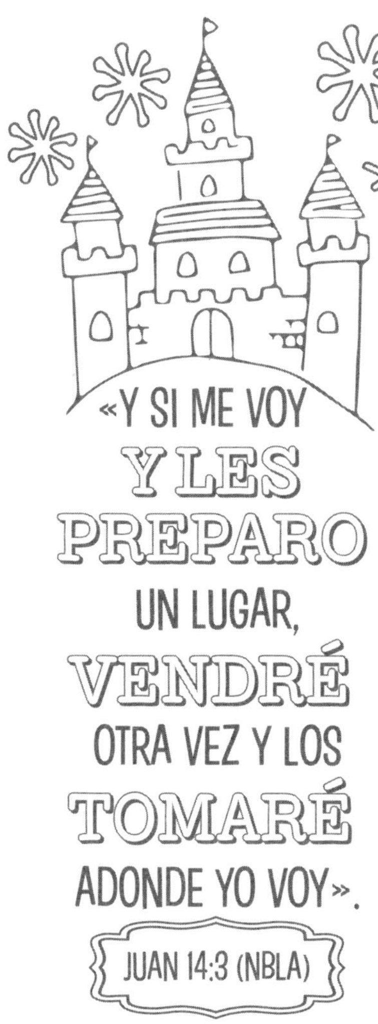

Si alguna vez amaste a alguien que luego falleció, sabes lo doloroso que es. Es muy difícil pensar que nunca volverás a ver a esa persona. Esa pérdida se siente como algo definitivo. Pero Jesús hizo la siguiente promesa a Sus seguidores: está preparando nuestras habitaciones en el cielo. Todos los que lo conocen estarán juntos de nuevo en el cielo. Así que, cuando tengas que despedirte de un ser querido, recuerda que no será para siempre si ambos creen en Jesús.

Jesús prometió que tu futuro será con Él, en el cielo, ¡con todos los demás creyentes que vivieron a lo largo de la historia!

Querido Padre:

Te agradezco por la promesa del cielo; ¡suena que será un futuro maravilloso!

Amén

Consigue tu boleto

Puedes subirte al tren que va desde los suburbios del oeste, a unas treinta millas de Chicago, y viajar en ese tren hasta el centro de la ciudad... siempre que tengas un boleto. Lo mismo sucede con cualquier aerolínea.

Puedes acomodarte en el asiento, ver una película, tomar un refresco y volar a cualquier parte del mundo... si tienes un pasaje de avión. Si esperas que tu futuro incluya el cielo como destino, mejor «compra tu boleto» ahora mismo.

Solo hay un camino al cielo y ese boleto es creer en Jesucristo: Él es el único camino.

Querido Dios:

Creo que Jesús murió por mis pecados y que Él vive en mi corazón, así que tengo la certeza de que iré al cielo. Te pido ayuda para contárselo a otros y así también puedan ir allí.

Amén

31 DE DICIEMBRE

Lo que más deseas

¡Cuán hermosas son tus moradas, SEÑOR de los ejércitos! Anhelo con el alma los atrios del SEÑOR; casi agonizo por estar en ellos. Con el corazón, con todo el cuerpo, canto alegre

Salmos 84:1-2 (NVI)

¿Alguna vez has deseado algo con tantas ganas que no puedes pensar en nada más? Tu corazón se muere por tenerlo: te imaginas cuánto mejor sería tu vida si lo tuvieras, ¡lo único que te importa es conseguirlo!

Mi amigo, el salmista, comprendía ese tipo de anhelo, pero no anhelaba una «cosa», sino el cielo: es decir, estar con Dios.

¿Son Dios y el cielo tan reales para ti que anhelas estar con Él, conocerlo y amarlo cada vez más? Hay un plan para tu futuro, así que aprende a conocer a Dios cada día.

Querido Dios:

Deseo conocerte mejor y amarte más, quiero anhelar estar contigo cada momento de mi vida, y quiero amarte.

Amén

Sobre la autora

Carolyn Larsen ha escrito más de cincuenta libros para mujeres y niños, incluyendo *Princess Stories, For Girls Only* y el bestseller *Biblia para niñas: Historias bíblicas para madres e hijas*. Ha participado como oradora enseñando internacionalmente en retiros y conferencias para mujeres. Cuando no está escribiendo, Carolyn disfruta pasar tiempo con sus tres hijos, sus tres nietos y su nieta.